Ruža Dabić-Bučak

Kapljice
Zbirka poezije

First published by Busybird Publishing 2023

Copyright © 2023 Ruža Dabić-Bučak

ISBN:
Print: 978-1-922954-26-8

This work is copyright. Apart from any use permitted under the *Copyright Act 1968*, no part of this publication may be reproduced, stored in a retrieval system or transmitted in any form or by any means, electronic, mechanical, photocopying, recording or otherwise, without the prior written permission of Ruža Dabić-Bučak.

The information in this book is based on the author's experiences and opinions. The author and publisher disclaim responsibility for any adverse consequences, which may result from use of the information contained herein. Permission to use any external content has been sought by the author. Any breaches will be rectified in further editions of the book.

Cover image: Pixabay

Cover design: Busybird Publishing

Layout and typesetting: Busybird Publishing

Editor: Ana Solomon

Busybird Publishing
2/118 Para Road
Montmorency, Victoria
Australia 3094
www.busybird.com.au

*Život ide dan za danom.
Ne pita smije li.
Jedan nježan kao svila.
Drugi surov, razara i bije.*

Kapljica po kapljica, ocean.

Mojoj obitelji, mojim prijateljima

i svim ljudima dobre volje.

S ljubavlju,

Ruža

SADRŽAJ

Hvala	1
Šezdeseta	2
Miško žali	3
Treći dan	4
Moja jesen	5
Lily	8
Sjećam se	10
MM	12
Stari kraj	13
Janje iz Županje	14
Županjo	16
Noah	18
Ljubav	20
Mara	21
S&P 2013.	22
Naš Jadran	24
Mišku je 65.	26
Dobro jutro, Slavonijo	28
44	29
Ljeto 2013.	30
Staro prijateljstvo	31
Ranjena ptica	32
Dva Ceranca	33
Kristina	34
Gdje je?	35
Mi	36
Vječna tajna	37
Tako je to!	38
Život	40
Vidimo se uskoro	42
Grmljavina	43
Waikiki plaža	44
Ponor	45
Sjećaš li se?	46
Hoće? Hoće li?	48
Moje djetinjstvo	49
Moja rana mladost	53
Mark	56
Zla kob, COVID-19	58
Šećeranska avenija Šanzelize	60

Kolonija-Šećerana bila i izgubila	62
Županjska željeznička stanica	66
Šećeranski bagremi	70
Tko je Slavonka ili Slavonac?	72
Snježna Županja	74
Tako je bilo i još je	78
Lily u Županji	82
Egzodus Županjaca	86
Županjci u Melbourneu	88
Slavuj Slavonije	90
Čuvajte hrvatsku riječ	92
Moja mama	94
Nevažnost siromašnog djeteta	98
Moja zima	101
Tuc, Tuc	104
Sama	107
Čar života	108
Ledena agonija	110
Šećeranski Božić, moj, nekada	112
Sjećanje	116
Županjska vruća, sparna ljeta, moja, nekada	118
I Bosanci su ljudi	122
Sava, županjska družica	124
Zatvori oči	126
Mladost	128
Prekasno	129
'R'	130
Jedna riječ	132
Biser	133
Pogled	134
Da sam	135
Dame biraju	136
Moj san	137
Snježne pahuljice	138
Znanje	139
Bezvrijedan	140
Posuđivanje bicikla, pedesetih i šezdesetih	142
Prekinuta, opet	144
Moja magla	145
Opća anestezija, prije i poslije	146
Riječ	148
More, danas	149
O Autorici	150

HVALA

Za davno, nezaboravljeno djetinstvo
i mojih sestara bliskost i jedinstvo.

Za divne dane moje mladosti,
pune uzbuđenja i radosti.

Za ponos, za koji kažeš da je grijeh,
dobro mi je došao, i on i smijeh.

Za moju dragu mamu i sva
divna sjećanja koja me ne ostavljaju samu.

Za srce i sunce u mom životu
moju obitelj, prijatelje i njihovu dobrotu.

Za dane, dobre i teške,
za sve moje učinjene greške.

Za sve te brojne dane
jer sunce uvijek čeka da svane.

Za ljubav, tu životnu hranu,
roditelja, partnera, djeteta, unučeta ili prijatelja
primljenu i danu.

Za današnji dan, pun smijeha i sreće.
Od mene nema zahvale veće.

ŠEZDESETA

Šezdeset je veliki broj.
Dočekala sam ga.
Jesam li sretnica?
Jesam, taj broj je moj.

Od malih nogu putanja je duga,
puna znatiželje, iskušenja,
učenja, sreće i čestih tuga.

Ogledalo, gledam te, ogledalo.
Jesi li si grubo ili pravo?
Pravo si, znam.
Odobrenje moram da ti dam.

Gdje je moja smeđa kosa?
Tanak struk i brzina,
nježna koža i svježina.
Tamo su gdje sam trčala bosa.

Stojim tu i pitam se:
"Kako? Gdje i kada?"
Ružo, gledaj,
sve je tu
oko tebe sada.

Zovu se:
Miško, Kristina i Mark.
Naše sunce Lily i Christofer.
Nerođeni anđeo i Mihola.
Obitelj i prijatelji,
zdravlje i brak.

Srce i dušo,
tu nema mjesta za mrak.
Šezdeseta, dobro došla.
Sva pitanja i nesigurnost je prošla.

MIŠKO ŽALI

Jutros Miško žali malo.
Koljeno mu posve stalo.
Kao daska ukočeno.
Stane, šuti, opet žali
kao jadan dečko mali.

Ja mu kažem: "vježbaj tako",
a on meni: "nije lako!"
Vjerujem ti, lako nije,
ali radi kao prije.
Radi dragi po savjetu mom
pa ćeš stići dobrom cilju tom.

Ako netko nešto drugo kaže,
vjeruj dušo, on ti laže.
Za bol nešto uzmi, velim,
od srca ti dobro želim.

Dan za danom bit će bolje
nestat će mrzovolje.

TREĆI DAN

Svanula je plava zora,
na naš put se krenut mora.
Nekih nema. Što je? Gdje su?

Miško kaže: "Ružo, što ću?
Mučilo me jako noću."
Uzmi lijek, došao je dan,
pakujmo se, moramo van.
Svi su drugi dobro, čujem.
Ja već nove stihove kujem.

Dobro jutro, Hobarte grade,
uhvatila nas strašna glad.
Naprijed društvo, hajde kreni,
za doručak svi smo spremni.
Hvala Banjo, žalbe nema.
Svi smo sretni i pokretni.

U baru Lark mi smo stali
za od svega okus mali.
Za rođenje MM naše
dobar viski boca paše.

Oni meni šuti kažu.
Puno pričam, ali lažu.
Ja sam tiha, mislim, dišem
i stihove svoje pišem.

Vidjeli smo vraga zgodnog
tasmanijskog, malog, rodnog.
Kroz Bicheno mi smo prošli
u Nature's World smo došli.
Vjeruju mi oni sada
da je divan, a ne gadan.

Dragi ljudi čudo nije
da palačinku kao slon,
neviđenu nikad prije,
pojedoše moja usta.
Košulja će to da skrije.

MOJA JESEN

Sjedim. Mislim.
U svoje ruke gledam.
Mogla bih vikat, nedam.
Odlazi gruba nevoljo,
umna i tijelesna nelagodo.

Nekad prsti moji tanki.
Sada deblji, prošireni.
Čak i burma se smanjila,
kao da se boji nečega.

Zglob mi škripi, kosti bole,
pate i u pomoć mole.
Kao daska ukočeni,
istrošeni, izmučeni.
Malo ulja nam treba,
no artritis ništa neda.

Hormoni se izgubili.
Zašto? Gdje su? Znam!
S mladosti odletjeli.
Sto problema izazvali.

Vrućina me izludila.
Mira neda danju i noću.
Sto puta me probudila.
Otkrij, pokrij. Što je bolje?
Skini, stavi. Neznam,
sve je protiv moje volje.
Tablete ću tebi dati
liječnik kaže, pa ne pati.

Suha koža pažnju traži
nesretna je ona sad.
Kreme daj mi. Molim - važi?
Kao nekad ja bih bila
bez mrljica, vena plavih.
Sjećaš li se? Kao svila.

Nekad oči sokolove,
sad bez 'očala nesposobne
jer i vid je o'šo dolje.
Što bi bilo da 'očala nije?
Tama, očaj
takav život krije.

Sijeda kosa od dvadeset šeste.
Zdrava, sjajna, boje srebra.
Opet, mislim, skupa cijena jeste.
Mnogi vole boju moje kose.
Vidim zašto,
no oni je od tada ne nose.

Tijelo se mijenja.
Tako mora biti.
Čuvam ga dobro,
nemam što kriti.

Jedno je bolje nego prije.
Moj razum, svijest i duševni mir.
Ranije tako bilo nije.

Bezbrižno proljeće je prošlo.
Vruće, uzbudljivo ljeto također,
Malo šepava, ali krasna jesen
i novo vrijeme je došlo.

Trebam li žaliti
za prošlošću tom?
Mogu, ali neću.
Zadovoljna sam
u ovom životu mom.

Dobra jeseni moja
budi blaga i topla.
Ne žuri se hladnoj zimi
moli te Ruža tvoja.

LILY

Kad je moja nada iščezla
da ću ikad postat baka
ti malešna zrako sunca
u bljesku si nam došla.

Bezbrižno je vrijeme tvoje
tebi mile rozne boje.
Zvuk slavuja tvoj je glas,
zalaz sunca riđa vlas.

Oči tvoje žeravice dvije
za spas sviječe
kad nevrijeme bije.
Dodir mekan kao svila,
usta kao mala trešnja
unučice naša mila.

Jesi li već ovdje bila?
Mislim nekad,
jer puno znaš.
Kad si znanje to dobila?

Voljela si svoga didu
jako, jako puno.
Bila je to slika jasna
svakome da vidu.

Dida nosi. Dida vamo.
Želim ovo, želim tamo.
Hoćeš nešto stalno, kažeš tako.
Jadan dida, nije lako.

Pogleduje dida nas.
Traži, moli, dajte spas.

Često dušo meni veliš.
Pokazat mi što ti želiš.
Bako, bako dođi 'vamo,
slatkiša mi nađi tamo.
Čokolada jeste bolja,
to bi bila moja volja.
Čokoladu više volim.
Gledaj, dobro, ja te molim.
Anđele moj, samo kaži.
Tu je baka sve da traži.

To ne želim, nisam gladna.
Za večeru kažeš, jadna.
Iako nećeš ništa jesti,
opet za stol moraš sjesti.

Unučice, dijete bajno,
sunce toplo, sunce sjajno.
Zašto? Kako?
Znam! Ovako!

Dijete voljenog djeteta mog.
Divna tajno
dragog nam života tog.

Hvala vam Chris i Kristina
za naš mali cvijet.
Uljepš'o nam je život i naš cijeli svijet.

Dušo naša, zlatna mala,
Lily B-G
rajska srećo u život nam pala.

SJEĆAM SE

Danas na putu
do tvog groba,
vraćaju se sjećanja draga
o tebi hrabra i blaga mama.

Sjedeći u autu
iza tvoje škrinje
u dnu očajne duše moje
tiho sam molila
vozaču, uspori, polako.
Ne želim mamu u zemlju
iako znam, tako mora biti.

Taj vjetar vremena
devetnaest godina uzeo,
ublažio je bol
i skoro presušio suze.

Da odlaziš, ti si znala
kazala si liječniku svom.
Ne želim kemoterapiju,
ali ni bol. Ne bojim se.
Zadovoljna sam s odlukom ovom.

Još uvijek mi nedostaje
tvoj nježni dodir,
varanje u kartanju,
tvoj brzi korak
i nestašni osmijeh mali.
Nadam se da smo ti svi
puno ljubavi dali.

Na ljetnim izletima
kao dijete si nekad bila.
Polijevala druge s vodom
pa se onda krila.
Jako sam zahvalna
što nisi dugo patila.

Brzo si otišla u raj.
Za tebe zaslužan
novi život taj.

Nikome biti na teret
ti željela nisi.
Brzo i bez bola otići
voljela ti si.

Da bih ti olakšala put
morala sam te uvjeriti
da odlaskom od nas ovdje
stići ćeš u zagrljaj svoje mame i tate,
svoja dva sina i drugih
koji te već čekaju ondje.

Sa sumnjom pitala ti si
hoće li tako biti i
vjerujem li ja u to?!
Naravno moja draga,
prijeći ćeš dosta lako.

Pogledala si u sve nas.
Četiri kćeri i sve unuke svoje,
takla lice moje
i s osmijehom uputila posljednje riječi:
"Lijepe golubice moje."
Bio je to kraj.
Zatvorila si oči svoje
i mirno otišla u taj čarobni raj.

U riječi na papir ovaj
stavila misli sam svoje.
Da sjećanje na tebe gaje
i da ono zauvijek traje.

MM

Još malo je došao dan
kad će MM pokucati i kazati:
"Mama, pusti me van."
Vidjeti tebe i tatu želim.
Glasno plakati,
pažnju tražiti.
Puno poljubaca i milovanja,
ja ti to velim.
Još samo 26 dana.

Još malo, ponovno baka.

STARI KRAJ

U mislima svaki dan.
U snovima svaku noć.
Još jedanput te vidjeti,
želja ima strašnu moć.

Mnoge su godine prošle.
Život uzeo svoj tijek,
a osjećaj za tebe traje
kao žeđ, kao glad.
Sjeme posijano kada je
čovjek bio nevin i mlad.

Život je bio kao tajno more.
Jedan dan miran, pun obećanja,
drugi buran, išiban vjetrom
koji je ostavio trajne bore.

Zašto je takva sila tvoja?
Često se pitam.
No, možda znam.
Ja sam te ostavila, otišla.
Odgovornost je posve moja.

Vrijeme je donijelo svoje.
Mir i zadovoljstvo,
blagostanje i sreću,
ali plamičak za tebe tinja
danas i zauvijek
u dnu moje duše.

JANJE IZ ŽUPANJE

Tisuću devesto pedeset i osme.
Te važne godine davne
na svijet je došlo dijete krasno.
U Županji, srcu moje Slavonije ravne.

Tog toplog svibanjskog dana
rodila se jedna curica mala.
Kao sjajna zvijezda s neba pala.
Četvrto žensko, ocu na žalost
a mami i nama velika radost.

Ime Marija, mama joj dala,
ali tim imenom nije ju zvala.
Od samog početka nazvana je Mira
i od tada nam svima srce dira.

Ćelava jeste bila prije,
ali ne zadugo.
Kovrčastu, plavu kosu je dobila,
gustu i mekanu kao svila.

Samo je jednom zločesta bila.
Mami je stolicu brzo izmaknula,
pa prvu i zadnju batinu zaradila.
Puno pažnje joj svatko dao,
a susjed Pišta 'Musa' ju zvao.

Dobra i umiljata kao janje,
takva je i danas,
pa ju iz milja zovemo
'Janje iz Županje'.

Drugome pomoći uvijek želi.
Sretnom je pravi, ona veli.
Sve te godine prošle kao dan.
Mislim, je li stvarnost ili san?!
Moj životni put je bogatiji i bolji.
Ona je tu, meni po volji.

Marija, Mira, Mimi Dabić.
Svi te volimo.
To ti je tako.
Ne pitaj zašto ili kako.

ŽUPANJO

Županjo, Županjo moja stara.
Evo me k tebi
kolijevko rane mladosti moje.
Životnog, vrhunskog dara.

Vlak zvan sjećanje, brz kao munja,
nosi me tamo do šezdeset i neke.
Do Slavonije ravne i Save rijeke.

Biti sretan bilo je lako.
Bez novca i bez zlata,
većini nam je bilo tako.

A šta ti drugo treba
kad mladost, pamet i zdravlje imaš?
Naivnost i vjeru u bolje sutra.
Možda ne tako brzo,
ali znam doći će jednog jutra.

Šećeranka sam bila.
U Koloniji živjela.
Djetinstvo i mladost tamo provela
uz čega me vežu sjećanja mila.

Uz miris jorgovana rasla sam.
U kinu Kristal filmove gledala.
Ljeti i zimi Kolonijom šetala
i uz 'La Palomu' divno plesala.

Dubravka, Anica, Marija i Rosa,
prijateljice stare moje prve
iz onog doba kada sam često trčala bosa.

U osnovnu školu „Boris Kidrič" smo išle
s učenjem se, poput svih, mučili
i konačno čitati i pisati,
puno smo toga naučili.

Nada i Josip Barišić, Jasna i
Ivan Herman, Marija Žigić,

Paula Vukašinović, Radojka Barbir.
Tko su oni? Ja ću vam reći.
Plemeniti ljudi. Pravi učitelji.
I nakon ovih četrdeset i pet godina
nezaboravljeni i duboko poštivani.

Voljela sam znanje. Bila kao spužva.
Često zbunjena pitala: "Kako?" "Zašto?"
Da bih shvatila, to je sve životna gužva.

Ondašnji sistem surov je bio.
U određene sanduke ljude je stavio.
Pametne, ali siromašne u one niže.
Ne tako bistre, ali zaštićene i bogate
u one višlje, suncu i uspjehu bliže.

Ja bih tako u nižem ostala
da me sudbina nije spasila.
Rade Pavlović, dobar čovjek,
pružio mi pomoć. Hvala mu zauvijek.
Otključao je vrata u budućnost bolju,
a sve drugo ostavio na moju volju.

Taj dio vremena tvog i mog
utkani su zajedno
u krasnu sliku kao dokaz
povijesnog razdoblja tog.

Budi darežljiva, ja te molim.
Daj mi snježni Božić i godinu Novu.
Napravi sretnu posjetu ovu.

Iako sretna živim daleko,
često dođeš u moj san.
Rado se vraćam da te vidim, da kažem:
"Županjo, kako si? Dobar ti dan!"

NOAH

Jeste li čuli?
Ako ne, zašto?
Pitam ja vas,
to je vrlo važan glas.

Jednog krasnog zimskog dana,
u 3.26 poslijepodne,
mali, plavooki anđeo,
u obliku dječaka,
jako željen, dragocijen,
došao je na svijet.
Obitelji Bučak nova grana.

Ime Noah su mu dali,
ponosni mama i tata,
u nadi da mu život
bude pun sreće i duhovnog zlata.

Mnoge su suze tekle,
zadovoljstva i sreće.
Nema brige i čekanja više.
Sve je dobro, lakše se diše.
Noah je moja velika radost.
Zar takva sreća može doći?
Želim ga držati, taknuti, gladiti,
takva je njegova moć.

Izmjeri koliko baka mari.
Možeš? Ne možeš?
Možeš li izmjeriti potrebu za
zrakom, vodom, hranom, suncem?
Ne možeš.
To su zamršene, složenije stvari.

Svijet je bogatiji sada,
kao lijepi zemaljski raj,
jer je ovo malo dijete
donijelo svoj blještavi sjaj.

Delikatni plod velike ljubavi,
divne žene i mojega sina.
Krv moje krvi.
Krasno remek djelo.
Hvala Mihola i Mark.
Noah je naš unuk prvi.

LJUBAV

Ne može se ukrasti ili kupiti,
niti prisiliti ili zaslužiti.
Stigne slobodno i bez plana.
Nekad iznenada kao bljesak,
nekad tiho i polako.
Često se pitam: "Zašto?" "Kako?"
Odgovora nema, to ti je tako.

Stavi te u slatki okov, otpora nema.
Sretno ideš gdje te vodi,
ne znajući što ti sprema.

Uvuče se u srce i dušu.
Dozvolu ne traži.
Ubrza korak i dah, pjeva i pleše.
Misli, ona je sve što važi.

Kako se zove ta čudna sila?
Čarobna i nježna danas,
gruba i razorna sutra,
tako željena, tako mila.
Ljubav, ljubav bi to bila!

Ona prava ostane zauvijek.
Čuva nas od bola i straha,
do samog kraja, do zadnjeg daha.

Bio mlad ili star,
uzvraćena ili ne,
znaj; ljubav je životni dar.

Ako si sretnik, ja te molim,
bez ustručavanja, bez čekanja
kaži sada: "Ja te volim!"

MARA

Ovog vrućeg, ljetnog jutra
točno u pet sati
Mark i Mihola opet
postali su otac i majka.

S ranom zorom,
u naručju izlazećeg sunca
stigla je curica mala.
Krasna i zdrava,
dragom Bogu hvala.

Dobila je ime Mara
u čast prabake svoje.
Meni velika radost,
Mara je ime mame moje.

To malo dijetešce
unuče naše treće,
željeno, dobrodošlo i voljeno.
Kažem vam, sreće nema veće!

Kad je gledam, smiješkam se.
Kad je držim oblije me toplina.
Želim da to zauvijek traje,
to vam je ta snažna milina.

Krv nije voda, kažu.
Točna je ta izreka stara.
To objasni ljubav našu,
nadu i želju za budućnost.
Dobro zdravlje i sretan život
sve za tebe, draga Mara.

S&P 2013.

Drago mi je što smo došli
u Španjolsku i Portugal,
povijesti i ljepote puni.
Ne znam kad su brže
ti dani prošli.

Ovako sve slijedi.
No, oprostite ako
sjećanje malo blijedi.
Što sam očekivala?
Ne mogu reći.
Puno sam vidjela i naučila.
Doživljaj nije mogao biti veći.

Krasna hrana, dobra vina.
Uspori, manje, trebao je netko reći.
Kasno je. Struk je sada puno veći.

Povijest im je stara jako.
Građevine i tisuću godina stare.
Svjetske ratove nisu imali.
Neutralni su bili.

Jorge, vodič naš, zvali ga Đorđ.
Odličan je bio.
Teško je radio,
svakome postao mio.

Sa svih strana svijeta,
ljudi su došli.
Novi Zeland, Amerika, Kanada,
Južna Afrika, a najviše Australija.
Nije moglo biti bolje.
Helder, vozač autobusa.
Što da kažem? Oblog za bolne oči.
Kroz najuže uličice uspio je proći.

Posjet Fatimi je druga stvar.
Čuti misu, primiti pričest,
za mene poseban dar.
Zvuk 'La Palome'
bio je savršeni kraj.
Miško uz mene.
Bio je to potpuni raj.

Hvala, zbogom
ti čarobni, stari kraju.
Ostani ponosan.
Dobar si mi bio.
Ostat ćeš mi zauvijek mio.

NAŠ JADRAN

More lijepo, plavo.
Blista se u sjaju svom.
S neba poslan
kao dar narodu svom.

Kako može biti tako
more plavo kao nebo?
Kamen blag i drag,
kao svila nježan zrak?
To je podnijeti lako.

Ležim, plivam, ležim.
Divim se i gledam.
Nikada dosta za dušu i tijelo,
za tom hranom težim.

Kada plivam to je čar.
Kao priča iz bajke.
Osjećam toplinu, sigurnost,
kao zagrljaj moje majke.
Galebovi na mirnoj vodi
ljuljkaju se gore-dolje.
Čekaju strpljivo.
Ribice, dođite amo,
oni mole.

Sunce i ja prijatelji nismo.
Ono grije, žeže, teško radi.
Žrtve mami.
A, ja tražim duboke hladi.

Andrew i Linda kao ribe dvije.
Stalno u vodi plivaju i rone
ili na obali leže dok ih sunce grije.

Nije čudo moj narode što
Selini i Zelići stigoše ovdje
sprovesti ljeto u ovome raju.
Vidim, to vrlo dobro znaju.

Ivica i Mara, dva dijela slavonskog para,
sunčat se i plivat vole.
Odgovara im ovo krasno more.

Čak i Miško uživa u svemu.
Opušten i mek,
ne broji sate i dane.
Prepustio se ovom čarobnom trenu.

A, ja Ruža bijela,
sjedim, slušam.
Motrim silnu vodu slanu.
Često pogledam u nebo.
Kažem "veliko hvala",
za ovu sreću danu.

MIŠKU JE 65.

Žalit ili slavit,
pitanje je danas.
Gdje je bio?
Što je u 65 godina proživio?

Slavit hoću, Miško veli,
sretan i bogat život.
Divne uspomene sa svima vama
podijelit želim.

Još u ranoj mladosti,
izazovna ideja mala
u glavu ponosnog dečka
čvrsto je pala.

1971. godine davne,
otišao je rado
preko mora, jako daleko.
Ostavio Slavoniju ravnu.

Puno i teško raditi je htio.
Dobar život stvoriti,
svojoj obitelji i sebi.
To je, svakako, uspio.

Hvala za viziju dušo moja.
U ime puno nas.
Mnogi sretni životi
posve su zasluga tvoja.

Tvoja i moja krv
kroz našu djecu i unuke teku.
Rijeka poštenja i ljubavi
usmjerena u nepoznatu,
nadam se, dobru budućnost neku.

Da si zadovoljan i sretan,
danas mi reče,
sa životom svojim
i strujom kojom teče.

Dragi Miško, sretan ti rođendan!
Dug život i koljena nova,
ljubav na pretek
želi ti sva družina ova.

DOBRO JUTRO, SLAVONIJO

Dobro jutro, Slavonijo!
Ponosna zemljo moja.
Evo mene opet
na ravna polja tvoja.

Lijepa je Španjolska i Portugal,
bijeli Zagreb i plavi Jadran,
al' najljepša je Slavonija mati
koja strpljivo čeka u nadi
da joj se dijete vrati.

Tu je šum krošnje starog oraha
i guste hrastove šume,
polja kukuruza i žita,
šećerne repe i suncokreta,
okus seoske ceste praha.

A Sava vijuga, teče.
Ne staje.
Kao da ne mari
ima li vode
malo ili previše.
Za ništa ne haje.

Zvuk tambure drage
u žice srca dira.
Gura te da skočiš i igraš.
Umornom tijelu ne da mira.

Slavonija rađa, živi i pamti.
Uspomene u zemlju slaže.
Prošlost i sadašnjost
za bolje sutra
koje već stiže
u svijetlu novog jutra.

44

Nakon četrdeset i četiri godine braka
tog dugog, zajedničkog puta,
bezbroj dana i noći,
problema i sreće,
opet smo ovdje,
odakle smo morali poći.

Ti si moje svijetlo i moj zrak.
Moja glazba i ples.
Kada sam slaba, moj oslonac.
Ti si moja voda i hrana.
Od svih nepogoda zaštita i brana.

S vremenom život je prošao,
pun sreće i poneke bure,
teškog rada i uspjeha
da bi ovaj dan došao.

Ti i ja, vjerujem,
obogatili smo svijet.
Stvorili smo naš rod,
taj prekrasan cvijet.

Voljela sam te jučer,
voljeti ću te još i više sutra.
Današnja ljubav narast će puno
do rađanja sljedećeg jutra.

LJETO 2013.

Došlo je i prošlo je.
Ljepše već u snu,
to vruće europsko ljeto.
Baš po mojoj želji, pa eto.

Oh, kako je bilo divno.
Zvuk fadoa,
strast flamenca.
Polja moje Slavonije ravne.
Kristalna voda Jadrana plavog.
Slovenska lijepa jezera,
zelena brda Bosne ponosne.

Osjetiti duh Fatime,
savladati oštrinu međugorskog kamena.
Stajati u rodnoj kući Pikasa,
dobra hrana, kava i vino.
Mnoge čari sve to krije.
No, ima nešto još i ljepše,
nešto što još i jače grije.

Ja znam da nije sjaj,
niti bogatstvo mjesta,
već ljudi oko tebe
koji tvore zemaljski raj.

STARO PRIJATELJSTVO

Začeto i rođeno u djetinjstvu,
raslo i učvršćeno u mladosti,
dano i uzeto često.
Preživjelo pola stoljeća,
preputovalo milijun kilometara,
i još živo.

Kao i mi starije,
ali ne slabije.

Znanci dođu i prođu.
Za neke važni,
za mene nevažni.
Prolazni su kao bljesak u sekundi.
Prijateljstvo, ah to je nešto drugo.
Traje, ne posustaje.
Ne traži nego daje.

Ne zna za vrijeme ili daljinu.
Stoji u srcu i duši.
Ne gasi se, plamićak tinja.
Takvi ljudi su manjina.

RANJENA PTICA

Oprosti, ranjena ptico
za tvoju tugu i bol.
Uzrok je trn grma mog,
Al', krivac si ti svega tog.

Za nektar mojeg cvijeta
ti imaš stalnu glad.
Nisi pazila na trn,
uzrok za tvoj jad.

On je dio moje grane
koji stoji i čuva
moj divan cvijet
od moguće rane.

U žurbi i nepažnji
pogrešno si stala.
Za svoju bol krivila mene,
ti luckasta ptičice mala.

Moj cvijet tebe treba
kao hranu, vodu i rosu,
kao svjetlo dana
poslano s plavoga neba.

Bez tvojeg glasa
moj cvijet nema mirisa.
Bez tvojeg dodira
moj cvijet se ne otvara.
Bez tvog pogleda
moj cvijet sreće nema.
Bez tvoje ljubavi
moja ruža ugiba.

Zato, voljena ptico,
brzo ozdravi, molim.
Opet poleti i kreni
u ovom pravcu, prema meni.

DVA CERANCA

U lijepom selu Cerni,
uz obalu Bosuta
rasla su dva dječaka mala.
Ivica i Miško mama ih zvala.

Djetinjstvo ih mazilo nije,
jer život je težak bio.
Kao djeca radili su dosta
dok je svaki svoj san snio.

Vrijeme je teklo u radu i školi,
igri i ponekoj borbi
dobijenoj ili izgubljenoj
i kojekakvoj mladenačkoj boli.

Odrasli su u mlade ljude.
Različite, ali bliske.
U društvu i pjesmi dane proveli
dok ih sudbina ne rastavi,
kako to često, nažalost, bude.

Život im otvorio različita vrata.
Ostvario mnoštvo snova.
Donio im uspjeh i sreću,
ljubav i familiju.
Za dva prijatelja, dva brata.

KRISTINA

Ne može se slomiti ili promijeniti,
poništiti ili iskorijeniti.
Vječna je.
To je roditelj – dijete veza.
Neuporediva u svemu,
jača od čeličnog steza.

Trajat će
i kada nas ne bude više.
Neće je izbrisati ni najjače kiše.
Kroz tebe naša golubice,
naše prvorođeno srce.

Tvoje rođenje me ostavilo opijenom,
iscrpljenom u slatkom bolu.
Promijenilo me tada i zauvijek
i dan danas neotriježnjenom.

Ti si promijenila naš život.
Donijela nam puno sreće.
Profinjeni osjećaj pripadnosti,
najželjeniji osjećaj od svih
koji donosi nadu i puno radosti.

Silne su godine prošle
s puno uzbuđenja i šala,
malo oblaka, vjetra i kiše,
ali više teškog rada
i sada donijele uspjeh i štošta više.

Ti si savila svoje gnijezdo
s ljubavlju i uspjehom.
Vlastito dijete donijela si na svijet.
Dragi, slatki, dragocjen cvijet.

Blistaš jače od bisera.
Tvrđa si od dijamanta.
Ti si naš ponos, naša curica,
naša kći, naša najljepša žabica.
Volimo te sada i za uvijek.

GDJE JE?

Gdje je moje sunce?
Zima mi je.
Mračno mi je.
Izgubljena sam.
Ti pitaš.
Ne znam.
Iznenada je nestalo.
Gdje? Pravac koji?
Pobjeglo je, kao da se boji.

Ti ne čuješ šum mora.
Ne vidiš ljepotu cvijeta.
Ne čuješ cvrkut ptica.
Samo prigušeni zvuk
zbunjenog zvona,
tvog crnog ciklona.

Ti znaš svoj put.
Grub, težak i siv.
Ne boj se.
Moć ljubavi je uz tebe.
Ogromna, veća od diva.

I onda jednoga dana
zaustavit ćeš kiše,
rastjerati oblake.
Pojavit će se plavo nebo.
Tvoje nestalo sunce.
Možda ne sutra,
ali, znam, doći će jednoga jutra.

MI

Oh, kako smo mladi bili
onog kišnog dana
te davne tisuću devetsto šezdeset i devete,
kada smo sretni ušli u vlak
zvan brak.
Put - zajednički život.
Cilj - nepoznat.

Ja, devetnaest.
Ti, dvadeset i jednu.
Nama znak zrelosti,
nekima mladenačke ludosti.

Taj naš vlak prošao je svijet.
Brzo, polako, brže.
Kroz uzbuđenja, oblake i malo kiše,
poneku grmljavinu,
svijetlost, toplinu i sreću
smijeh i puno više.

Na različitim stanicama
ukrcali se brojni ljudi.
Naša djeca i unuci
obitelj i rodbina,
prijatelji i znanci.
Neki, s vremenom, nestali.
Mnogi ostali.

Vi ste tu. Hvala.
Proslavimo ovaj tren.
Ne pet dana. Ne pet mjeseci.
Već pedeset zlatnih godina.
Put samo ponekima ostvaren.

Pitate nas; Kako?
Koja je tajna vaša?
Odgovorit je lako.
Onog prvog dana kao i danas
vlakovođa je bio i danas još jeste
ljubav naša.

VJEČNA TAJNA

Mislim.
Život teče oduvijek.
Teći će i sutra,
sa mnom ili bez mene.
Dokle?
To je vječna tajna,
neotkrivena, beskrajna.

Svijeća zvana život
upali se svakom
s našim prvim dahom.
Gori.
Nekom brzo. Nekom polako.

Hoćeš ili nećeš.
Birati ne možeš.
Bogat ili siromašan,
pravica sprema svima isto.
Hura.
Sluga Jernej bi viknuo čisto.

Koji će otisci vječno ostati
između prvog i zadnjeg daha?
Mislim. Volja je moja,
ali to neću nikada znati.

Zadnji dah, lagan ili ne
ugasit će plamićak moje svijeće,
okončat život mene živeće.

Kada krenem na vječni put,
preletjet ću Slavoniju mati
i Županju moju.
Znam, čekaju svoje dijete
da se oprosti,
da im se vrati.

A, gdje ću onda?
Gore ili dolje?
Tamo gdje se pleše,
piše i čita.

TAKO JE TO!

Želim te vidjeti.
Taknuti ruku tvoju.
Vidjeti pogled dragoga oka tvog,
čuti tvoj glas.
Biti će, biti,
ali ne danas.

Dijete radi, trči i juri.
Stvara za sebe i svoje.
Nema dosta sati u danu,
uhvaćeno u životnoj buri.

Svi smo kroz isto prošli
kada smo bili mladi.
Ljudi to čine dobro.
Nikakva to tajna nije
i sada su do ovoga došli.

Nekada potrebni.
Sada ne.
Zašto tako boli?
Ja volim više.
Ja trebam više.
Ovo ide u krug.
Takne sve nas,
malo ili jako.

Vrijeme ide, ne stoji.
Šta je danas tu,
sutra već nije.
Kao da se boji.

Ovo je tužna istina
roditelja i djeteta.
Svakome znana.
Teško prihvaćana.

Što tu roditelj može?
Čekati i nadati se,
da dijete nađe vremena.
„Da,
bolje išta nego ništa."

Kako iščupati to iz korijena?
Ne možemo.
Nećemo.
Čovjek se ne mijenja.

Mladi žure kroz vrtlog dana
prema istom vremenu
gdje su roditelji sada.
Prema ovom fenomenu.

Znam ovu pojavu.
Ponavlja se
protiv moje volje.
Čekanje traje.
Samoća traje.
Nadam se, biti će bolje.

Jučer burna mladost.
Danas usamljena starost.

ŽIVOT

Život ide dan za danom.
Ne pita smije li.
Jedan nježan kao svila,
drugi surov, razara i bije.

Streličar i život: Slični?
Da.
Što će ti dati jest upitnik.
Koju strijelu?
Kakav dan?
Svi želimo dobro, dično.
Molim ne, ne dramatično.

Koju strijelu ćeš ti dobiti?
Mislim sve.
Kao loptu te baca.
Od ekstaze do bola,
od očaja do nade.
Malo stane.
Ne zna je li te dosta izbo'.

Ljubav i mir želimo,
ali patimo, vrijeđamo, gorimo.

Ti biraš svoj put, kažu.
Ja se ne slažem. Lažu.
Sve je to uklesano
u tvoju sudbinu.
Seljaku i gospodinu.

Vrijeme teško radi
kao umjetnik s nožem.
Zasječe ovdje, ogrebe ondje,
odsječe vamo, ugladi tamo
stvarajući unikat.
Tvoj, njen ili moj život gradi.

Sretni ili ne,
sve prihvaćamo.
Idemo naprijed
ponekad poskakujući,
ponekad šepajući.
Pomoć dobivamo ili dajemo
do zadnjeg udisaja.
Našeg konačnog kraja.

VIDIMO SE USKORO

Nije dužina puta,
već ostavljeni otisak
koji se pamti i traje,
sada i zauvijek.
Koji je vaga tvog života.

Kada bih mogla,
vratila bih se u prošlost.
Promijenila bih dosta toga.
Izbrisala nepovjerenje,
uklonila nemir,
počela strpljivo,
uzela više toga u obzir.

Živimo i učimo.
Greške pravimo,
al' dobar čovjek
poštovanje zaradi uvijek.

Ti nećeš biti ovdje,
ali sva tvoja dobrota,
ukazana ili dana
ostaje ovdje.
U duhu ti ćeš biti s nama.

Gdje god da budeš,
što god da radiš
drži glavu gore, ponosno.
Znaj, mi na tebe mislimo.

Rastajemo se danas.
Ne može se izbjeći.
Ne sa suzom,
već sa smiješkom.
"Vidimo se uskoro,"
mi ćemo reći.

GRMLJAVINA

Taj pogled,
užaren kao lava.
Te riječi,
kao vulkan koji ne spava.
Povlačenje, udaljavanje,
kao rastava.

Odakle je ovo došlo?
Je li to već duže tinja?
Moram razmisliti. Da,
kao pospana buktinja.

Žalosno.
Savršen pogodak.
Točno u oko.
Jedno staro srce slomljeno.
Draga dušo,
ne razumijem: "Zašto?"
Sve mi je sada gorko.

Bol u meni.
Izgubljena sam.
Crni oblaci oko mene.
Od njih bježim.
Gdje si?
Tebe očajno tražim.

WAIKIKI PLAŽA

Nebo plavo.
Oblaci lagani, bijeli.
Pijesak sitan kao šećer.
Voda topla, bistra.
Svjetluca kao biser.

Ljudi surfaju, plivaju,
pod vrućim suncem leže.
Žele osunčanu kožu,
za ljepotom teže.

Ne svi. Ne ja.
Sunce i ja prijatelji nismo.
Pod kišobranom tražim hlada,
kavu i dobru knjigu.
Zar ne? Prava zaslada.

Valovi nježni ili jaki
žele taknuti obalu,
halo da kažu svaki.

To rade opet i opet.
Stalno.
Bez prestanka, bez umora.
To treba vidjeti, to je genijalno.

Oni tu ne vide čudo.
To je njima, naravno, prirodno.
Oni misle:
"To je naš posao.
To je naša igra.
Od pamtivijeka, sada i vječno."

PONOR

Možeš planirati puno
kad se probudiš ujutro.
No, život ima svoj plan,
nama nepoznat,
nama često bolan.
Previše ne traži,
bol će biti blaži.

Došlo je iznenada.
Odakle je palo?
Pogodak ravno u dušu.
Donijelo razočaranje, bol
i sve ostalo.

Bila sam zbunjena.
Izgubljena u mraku.
Pitala: "Zašto?"
Odgovora nema.
Ostavilo me na izmaku.

Obično ja dajem.
Pomažem drugima.
Ali, noćas u mom padu
čvrsta, topla ruka takla me.
Dala mi potrebnu nadu.

Dragi Anđele,
hvala za ruku tvoju,
za svjetlo i toplinu.
Vratio si snagu moju.
Rastjerao grubu crninu.

SJEĆAŠ LI SE?

Sjećaš li se davno prije
što je bila želja tvoja,
tada nemirna ptico moja?!

U Australiji živjeti
bio je tvoj san.
Slobodu mišljenja,
uspjeh doživjeti.

Da ti se ostvari taj san,
raditi, stvarati, biti sretan,
morao bi ostaviti stari kraj.
Nestati, otići neprimjetan.

Pitao si mene:
„Želiš li i ti isto?"
Što? Australija? Tako daleko?
Ne! Ne ja!
Nikada to ne bih htjela.

Ići s tobom,
obitelj i prijatelje ostaviti.
Moje ulice i drveće,
Koloniju-Šećeranu, Županju.
Nikada to ne bih mogla preboljeti.

Više to spomenuo nisi.
Ostavio si meni,
poslije vjenčanja,
da otvorim oči i
tu odluku promijenim.

Kada sam vidjela stvarnost, nepravdu,
osjetila sam tužnu bol.
Županja me izdala.
Na ranu mi posula sol.

Odluka je pala.
Došla sam ovdje jecajući.
Prilike i dobar život naći.

Ogromnu promjenu napravili
za nas i našu nerođenu djecu.
Za ljepšu budućnost
ništa nije teško žrtvovati.

S našim prvim djetetom na putu
stigli smo ovdje 3.3.1971.
U Australiju,
za nas veliku čaroliju.

Oh, bilo je tu nostalgije i tuge.
Suze su lile.
Moram vam reći, brzo su presušile.
Kad gledam unazad, znala sam.
Ovdje treba živjeti.
Novi put započeti.

Naša kći i sin sretni.
Naši unuci tu,
još jedno na putu.
Divna zemljo
beskrajne mogućnosti si nam dala.
Dostojanstvo i uspjeh.
Želimo ti reći: "Veliko hvala."

Ovdje smo.
Put je bio dug.
Sretni smo.
U uspjehu bogati
zahvaljujući tvojoj viziji,
tvojim snovima.
Ti si moj najbolji prijatelj.
Ti si moj životni drug.

HOĆE? HOĆE LI?

Pobjeđuje li zlo? Ja pitam.
Mnogi kažu: "Da."
Ali, zašto? Zašto?
Zato što lažnu,
privlačnu masku nosi
i time se ponosi.

Budi dobra, učili me,
mama i crkva.
Odoljela sam sjaju i izazovu.
Na pravom putu ostala,
da bih od razočaranja posustala.

Kako ublažiti slomljeno srce?
Kako naći duševni mir?
Kako preživijeti olujnu noć,
naći mirne vode,
sunce, svijetlo i toplinu?
Znam.
Samo ja imam tu moć.

"Trgni se," kažem si.
Bez uspjeha.
Možda vrijeme trebam,
da ciglu po ciglu
sebe regeneriram.

Kada zlo zatvori
svoje mračne oči
da se odmori i zaspe,
molim te, strijelo pravde,
pronađi i to zlo DOKRAJČI.

MOJE DJETINJSTVO

Onih davnih pedesetih
Kolonija-Šećerana je bila
moj cijeli, dječji svijet.
To je trebalo proživjet.

Živjeli smo u stanu.
Imali kupatilo, zahod, tekuću vodu,
šporet na ugljen i drva,
struju i radio mali.
Sestara i mamin zagrljaj.
Mislila sam: "Ništa mi ne fali."

Nježnost, poštenje, rad i ponos
naučila me moja napredna mati.
Druge stvari, činjenice, naravno, škola.
Puno toga gledajući, slušajući
i knjige čitajući sama.

Novac ima moć, rano sam znala.
Nismo ga imali.
Za mene ta moć nije postojala.

Prijateljstvo, igra, učenje.
Te prirodne ljepote.
Moja mašta, moj um.
Moj ponos i prkos.
Sve besplatne dobrote.

Zašto željeti bombon
kad imaš masni kruh.
Idealan za tijelo, odličan za duh.
Čokolada, keks, naranča
bili su samo san
jednom godišnje ostvaren.
Novogodišnji dar, od Djeda Mraza dan.

Bila sam jako mala.
Školsku torbu jedva nosila
pa su mi ime u deminutiv stavili
i tako me zvati nastavili.
Redovi, dvorišta, komšiluk, naše zabavište.
Za igre žmire, vije, škole s pitačem,
između dvije vatre i graničara.
Trčanja nikad dosta,
ali uvijek i za sutra dosta osta'.

Loptu nije imao svatko.
Ako ju imaš ti si glavni, ti drmaš.

Eh, napraviti top od blata.
Najbolji, najglasniji
morao si biti majstor tog zanata.
Kupovnu igračku imala nisam.
Napravila sam lutkicu, od krpice bijele
i flomasterom nacrtala usta, nos, kosu,
obrve i oči blistave, plave.

Neću zaboravit štrik za skakanje – hulahop.
Bose noge, livadu, kiseljak, koprivu,
bare, kanale, punoglavce,
visibabe i cica mace.

Ako smo avanturu željeli
otišli bi do "šumice".
Skrovište? Perice Tamburice.
Dugo ostajali nismo.
Brzo bi se razbježali: „Kud' koji, mili moji."

A, snijeg , ta čarolija.
Iščekuješ. Šapćeš: "Sveta Kata, snijeg za vrata."
Dođe. Vrisak, cika, sreća.
Ne mariš što gumena čizma curi,
što nožni palac kroz rupicu viri. Pati.
Moli: "Brzo u kuću se vrati."

Vrtić je tu bio,
ali ne za moju klasu.
Nikada u njemu bila nisam,
te ljepote bile su na glasu.

Dvorište, ljuljačke, klackalice,
ringišpil, dječji san.
Iza kapije, pod ključem, po propisu.
Ipak, nas zaustavili nisu.
Imali smo prolaz tajni,
kroz živicu, ispod žice
za užitak bajni.

Vrlo rano kao dijete
shvatila sam jedno,
da je znanje važna hrana,
trebamo ga svakog dana.

Mnoge riječi moje
za današnje mlade su strane,
nepoznate
kao i meni danas njihove
razumljive gdje koje.

Učili me o mađarizaciji.
Danas bi trebali mnoge Hrvate
učiti o engleštini.
Što je bolje? Ništa.
Rekao bi striko Pišta.

Trava nije zelenija na tuđoj strani.
Najljepša je riječ na našoj, hrvatskoj grani.
Moja lijepa Kolonija-Šećerana.
Nekada savršeni raj.
Zbog pohlepe u raspadu
doživljava žalostan kraj.

Jedno je važno: nitko i ništa
promijeniti ne može ljepotu tog vremena,
mog milog spomena.

Ne može se kupit, ne da ga itko hoće.
Osobna je stvar.
Moje bogastvo.
Moje djetinjstvo.

MOJA RANA MLADOST

Onih davnih šezdesetih,
Kolonija-Šećerana, Županja
bili su bašča moje rane mladosti,
začetak moje budućnosti.

Rana mladost, pupoljak života
pun nevinog neznanja,
naivnosti i volje za
otkrivanjem tajni zacrtanog nam puta.

Gledaš ga, pitaš se:
"Što ovaj pupoljak krije?"
Pun je obećanja, iščekivanja.
Ništa sigurno nije.

Kad se razvije i otvori
hoće li biti bijel, crven ili žut?
Možda plave, nepostojeće, boje?
Nikad ne znaš kakve, koje.

Zrak, sunce, ljubav i hrana
potrebni su cvijetu.
Tako isto sve po redu
za razvitak i djetetu.

Hoće li cvijet imati ljepotu i miris?
Stvari su nepoznate.
Svaki je važan
kao i svako dijete.

I u siromašnoj bašči
nađe se divan cvijet
koji donese sreću
kako u svoj, tako i u širi svijet.

O.Š." Boris Kidrič", toplo gnijezdo.
Imala sam sve meni milo.
Krasne učitelje, nastavnike i profesore.
Dramsku radionicu, pjevački zbor i izviđače.
Skidam ti kapu.
Bila si najbolja u svom zanatu.

Glazba i ples
ljubav su moja rana.
Ostala u meni
šezdeset godina poslije
do današnjeg dana.

Zvuk VIS 'Kristala',
Tadijin zanosni glas.
Divna sala restorana,
tijelu i duši spas.

Seljačka zadruga na ćošku Mlake
bila je drugi ambijent.
Ples uz zvuk tambura
ostavio uspomene jake.

Zašto željeti Jadran ili Havaje
kad sam imala našu Savu?!
Poznate plaže: Dizalicu i Poloje,
idealno za ugođaje moje.

Kino 'Kristal' ranije,
kino 'Mladosť' kasnije.
Pokazali mi jedan drugi svijet
koji sam samo tajno,
u dubini duše mogla poželjet.

Prijateljstvo mi je bilo važno.
Ne može se kupiti ili prisiliti.
Kao niti ljubav.
Začne se, rodi se i traje.
Ako je ono pravo,
samo tada je čisto i zdravo.

Vrijeme otkrića, učenja,
uzbuđenja, sreće,
razočaranja dobivenog ili danog,
neprocjenjive su vrijednosti.
Vrijeme moje rane mladosti.

MARK

Rano tog proljetnog jutra
da ti dolaziš rekla sam njima.
Ne, ne još, nije vrijeme.
Ti si došao tada, ne sutra.
Bila je to odluka tvoja,
ne njihova, niti moja.

Vidim. Sve na broju.
Kosa boje zlata,
oči čokoladno-smeđe.
Sve po savršenom kroju.

Koža meka kao svila,
usne kao mala trešnja.
Dao si mi čak i smiješak.
Moj mali, savršeni dječak.

Tvoj osmijeh je kao sunce.
Osvijetli tamu,
smiri nevrijeme, otapa led.
Vidi se iz daleka.
Ta moć je jako velika.

Stvorio si svoju obitelj,
svoju krvnu crtu.
Blještave dijamante,
vrste nove.
Posebne, tvoje.

Svijet je puno bolji,
ti si tu.
Glazba ima tvoje note.
Pun si ljubavi.
Pun si dobrote.

Ti si velikodušan.
Ti si pažljiv.
Ti si naš ponos.
Jako, jako fin.
Volimo te odavdje pa sve do zvijezda.
Ti si naš krasan sin.

ZLA KOB, COVID-19

Došao je iz Kine, mnogi kažu.
Nevidljiv, moćan, opak.
To je istina. Ne lažu.

Virus je iz Korona familije.
COVID-19 ime mu dali.
CO-korona, VI-virus, D-disease (bolest), 19 – 2019. godina.
Uzrok pandemije.
Princ razaranja.
Crna, agresivna neman.
Titula mu aman-taman.

Za svoj opstanak treba nas.
Izaziva zbunjenost, strah, bolest.
Životi padaju kao uvele latice,
kao snježne pahuljice.
Pomisliš, osjećaš ga blizu.
To je samo iluzija.
Sigurni smo kada izazove krizu.

Državne granice zatvorene.
Samoizolacija, zatvor četvrtog stupnja, maske.
Namjera dobra.
Ali, za nas obične ljude
nekako strašna kao kobra.

Zgnječio je našu nadu.
Zadao nam patnju i bol.
Zatvorio poduzeća, velika i mala.
Ekonomija na koljena pala.

Ovaj virus je strašan.
Donio je svijetu tamu.
Uzeo nam dostojanstvo, osmijeh,
dodir, zagrljaj, poljubac.
Držimo se odvojeno, nosimo maske
za sigurnost svih nas,
za naš konačan spas.

Bitka s ovim virusom je teška.
Bojno polje prepuno bolesti i patnje.
Ima i pobjeda.
Ali, ljudi su utučeni, izmučeni.

Smrt od COVID-a 19 je okrutna i tužna,
jako osamljena.
U tim posljednjim trenutcima
nema nitko da ti drži ruku,
da ti tiho kaže: "Ne boj se. Pusti. Idi."
Jako je teško razumijeti.
Još teže prihvatiti.

Ima li ovome kraj?
Kada?
Vjerujem: "Da, ima. Uskoro."
Vjerujem u dobrotu čovječanstva.
Pobijedit ćemo.
Ponovno slobodni i zdravi biti.

ŠEĆERANSKA AVENIJA ŠANZELIZE

Sjedim na verandi, Port Arlington.
More gledam.
Voda danas mirna, zelena, jako zelena.
Vraća me unazad pedeset godina.
Prije 1971.
u nešto drugo zeleno
meni milo, nezaboravljeno.

Stojim na Kolodvorskoj ulici
s ove strane pruge.
Prvomajska ulica počima
s one druge strane.

Ispred mene dvosmjerna ulica, lijepa.
S dva drvoreda ukrašena.
Jablani zeleni, jako zeleni.
Visoki, ne niski.
Ponosni, nebu bliski.

Divna kao pariška znana atrakcija.
Naravno, čuvena.
Zato ju ja zovem
"Šećeranska avenija Šanzelize."

Dolje u redu jablana
ograde od živice.
Lijepo ošišane,
kao da su bile kod brice.

Kroz sredinu ulična, neonska svjetla.
Uski travnjak između ulice i
popločane staze sa svake strane.
Svjedok bezbroj koraka, smijeha,
slomljenih srca, suza
i rađanja ljubavi rane.

Ovo je naselja Kolonije ulaz.
Tvornice šećera prilaz i ulaz.
Obraz inteligencije,
nečije vizije dokaz.

S desne strane park, ljetna bašča,
restoran 'Kristal', knjižnica, kino.
Sve ljepotom obilno,
romantično, fino.

Ulica uredna, čista.
Strika Ive Šumanovca ponos.
Ljepoti avenije njegov doprinos.

Jeste li još živi jablani?
Stasiti vitezovi.
Jeste li još na straži?
Čuvate li dobro tajne
sretne, žalosne, bajne?

Gdje su uski travnjaci?
Jesu li staze nestale?
Maloj birtiji mjesto dale,
autoparkirališta postale?

Da sam slikarica,
ovo sjećanje slika bi bila.
Vrlo poznata,
u županjskom muzeju bi visila.

Kažu: "Na koncu života
svatko se vraća u stari kraj."
Netko fizički, netko u mislima,
u svoj mladenački raj.

Evo me opet ovdje na verandi.
Sunce izašlo, sija.
More plave boje.
Australsku obalu miluje.

KOLONIJA-ŠEĆERANA BILA I IZGUBILA

Ovo su sjećanja osobna, moja, do 1971.
Želim ti reći: "Hvala za to zlatno doba.
Za sve što si mi dala."

Tu smo se rađali, živjeli, rasli,
disali onaj slatki zrak.
Učili, iskustva stjecali,
voljeli i suze lili
i uvijek iza tvog štita bili.

Mi stari znamo što si bila,
što si imala.
Bila si unikat, košnica mladih pčela,
meke glazbe, zabave, plesa.
Odskočna daska za mnoge nas.
Siromašnom i nepismenom si dala
kruh, dostojanstvo, ponos i spas.
Cijelog kraja žila kucavica.
Bila si županjska ljepotica.

Imali smo liječnika, trgovinu, bricu,
mljekaru, pekaru, frizerku i pijacu.
Mesnicu malu, čistu.
Uljudnu, veselu, baš kao mesar Hajlo - istu.
Vrhunsku tvornicu šećera, škole,
za svako dijete, predsjednika ili radnika.

Imali smo i zubara M.....
Uvijek je zube vadio,
ne znam je li iti jedan popravio.

"Aveniju Šanzelize", park, ljetnu bašču,
šetališta, čitaonicu, knjižnicu,
restoran 'Kristal', kino, kuglanu.
Sportska igrališta, nogometni klub 'Radnički',
naravno, najbolji, pobjednički.

Stanove kao iz mašte,
struju, vodu, kupatilo, zahod,
hrastov parket, šalufne, svinjac, kokošinjac,
bašču i dvorište.

Bila si bašča raznog cvijeća, lijepih mirisa i boja.
Jedna, ljubičasta, bila je moja.

Mnogi se čude,
zašto su djetinjstvo i mladost moja
tako sretni bili.
Odgovorit je lako: "Tada su se snovi snili".

Je li sve bilo idealno?
Tada to nisam znala.
Bilo je to vrijeme moje mladosti,
učenja i vjerovanja u lijepo sutra,
bez životne odgovornosti.
Novac sve bio nije.
Danas je moćan,
sutra uzrok agonije.

Zašto Kolonija-Šećerana gubi svoj sjaj?
Tko joj tu sudbinu da'?
Kao neki daljnji rođak,
grad ne želi da zna.

Vihor, ime mu znamo, odnio je sve.
Otpuhao je na stranu drugu.
Tebi ostavio bol i tugu.

Županjo, majko, pogledaj u svoju šaku.
Mariš li jednako za sve prste svoje?
Ne znam.
Jedan prst je jako tužan.
Osjeća se umoran, a nedužan.

Je li tu danas bolje?
Rekla bih: " Kako-kome!
Naravno, onim prekonoćnim moćnim, dabome."

1969. za mene godina važna.
Županjo, i mene si iznevjerila,
ali, ja sam ti oprostila.
Onda, moje petice, obrazovanje, kvalifikacije
nisu važile bez protekcije.
Moćnog rođaka nisam imala.
Plaćen posao nisam dobila.
Stigle životne tegobe.
Stavila sam svoj ponos i bol u džep,
dala si put pod noge.
Cilj, daleka Australija, moja nova domovina.

Šećeranci-Županjci širom svijeta,
svjedoci ovog fenomena.
Nemoje zaboraviti zlatno vrijeme našeg cvijeta.

Razdoblje života mog i tvog.
Županje moje i tvoje.

Slavonija živi i pamti, u zemlju slaže.
Povijest ima zadatak da istinu svijetu kaže.
Povijest zna.
Možeš ju ignorirati, ne možeš ju promijeniti.

Kolonijo-Šećerano,
voljela si, bila si voljena.
Ta ljubav nije izgubljena.

Bolje je biti i izgubiti,
nego nikada biti.
Ti si bila.

ŽUPANJSKA ŽELJEZNIČKA STANICA

Od 1901. stoji ponosno.
Obavlja svoj posao učinkovito.
Bila je moćna željeznička carica.
Županjska najveća prometnica.

Kao srce neumorno kucala.
Vlakove dočekivala i otpremljivala.
Nas putnike i robu,
otpremila i nazad primila.

Automobili su rijetkost bili.
Autobus jako rijedak i skup.
Vlakovi su bili spas.
U škole ili na posao vozili su nas.

Zgrada stanice krasna.
Šenbrun stila i boje.
Poznati zaštitni znak
Austro-ugarske monarhije.
Uvijek je stajala odvažna,
svjesna da je jako važna.

U čekaonici bila peć velika.
Crna, napravljena od čelika.
Preko zime vatra gorijela.
Od patnje spasila duše i tijela.

Tamo, s lijeve strane
bila je bašča, povelika.
Puna povrća i cvijeća.
Šefa stanice supruge ponos i dika.

Na desno mala zgradica
s dva zahoda, čučavca.
Naravno, bez papira.
Ušao si bez ikakvog dodira.

Parna lokomotiva vukla je stari vlak.
Iza sebe ostavljala dima oblak.
Tamo od neke godine,
došao je novi, lakši, šinobus.
Pokretao ga je dizel motor,
nježniji i tiši operator.

Stotine ljudi su svaki dan
prošli kroz stanicu.
Do tamo i nazad kući
transport je bio cipelcug.
Samo neki bicikle imali.
Šećerancima blizu, lako.
Drugima ne baš tako.

Četiri godine duge,
skoro svaki dan
ujutro i navečer
ja u Vinkovce,
pa nazad u Županju.
Bilo je to vrijeme druženja
mene, stanice i pruge.

Stanico, dobro jutro i doviđenja.
Stanico, dobro veče' i laku noć.
Već sutra ja ću ti opet doć'.

Ispred stanice na ćošku
bio je zlatar Iljkić.
Vrata i prozor iza rešetaka
čuvali dragulje i zlatni nakit.
Iljkić je bio majstor svoga zanata.

Samo malo ispred
nešto drukčije, ali važno.
Bila je gostionica
željezničara i muških putnika spasiteljica.

Posebice u hladne, kišne i snježne dane
kuhano vino i šljivovica.
Od liječnika propisano,
ali samo jedna čašica.

Ono je bilo zlatno doba.
Ja sam svjedok bila,
Do 1971.
meni sjećanja mila.

Od 1971. vremena se promijenila.
Mnogi ljudi automobile stekli.
U Županji se otvorile dodatne škole.
Potreba za vlakom nestala.

Nekad vlakova puno, bez broja.
Što putničkih, što teretnih.
Sada je pojava gdje-koja.

Ovo su mi ljudi rekli.
I sama sam vidjela
kada sam Županju posjetila.

Stanica je sada puno starija.
Još uvijek lijepa.
Manje bučnija,
ne manje časnija.
Prepuna sjećanja.

ŠEĆERANSKI BAGREMI

Oj bagremi, bagremi,
kad proletiše naši dani?
Iako daleko jesam
zaboravila vas nisam.

Tko god vas je posadio
dobro je napravio.
Pametan je bio.

Drvored bagrema sa svake strane
naselja Kolonije, bezimene ulice,
pješačke glavne prometnice.

Još jedan drvored tamo uz žicu.
Od mladih izabran
za romantičnu šetnicu.

Bili ste najljepši u mjesecu petom.
Krošnje zelene, okrunite s cvijetom.
Ti grozdovi cvijetni, bijeli, proljetni,
vise gizdavo dolje.
Svijesni da su izuzetni.

Ne znaš što te više zanosi.
To što vidiš
ili opojni im miris.

Kao djeca i cvijet smo jeli.
Još uvijek zatvoren, sladak,
mlad , kao snijeg bijeli.

Koloniju–Šećeranu ste krasili.
Naš slatki zrak čistili
i vrlo korisni bili.

Jeste li još živi?
Dive li vam se još uvijek?
Kao mi nekada!
Ima li sanjara?
Mladih ili starih, sada?
Oj bagremi, bagremi
Šećranski ljepotani.

TKO JE SLAVONKA ILI SLAVONAC?

Ona koju je majka u Slavoniji rodila,
bez obzira odakle je bila i
kojim jezikom govorila.

Bila ona Bosanka, Hercegovka,
Dalmatinka, Zagorka,
Šokica ili bilo koja druga,
s istoka, zapada, sjevera ili juga.

Ona čiji je prvi dah
slavonski zrak uzela
i nova pluća napunila.

Čije su oči male
po prvi put
u Slavoniji progledale.

Koja je prve korake
tu nesigurno napravila
i svoju prvu riječ
tu, sva važna, izgovorila.

Koju je slavonsko sunce grijalo
i od zime čuvalo.
Koju je slavonska voda pojila
i plodna polja hranila.

Koja se igrala u prašini
ispod starog jorgovana.
Livadom trčala bosa
s puno prkosa i ponosa.

Koja je slavonsku ravnicu voljela.
Kišu i snijeg obožavala,
kroz blato rado gazila.

Njivi pšenice i kukuruza se divila,
slavonski hrast hvalila.

Koja je tu čitati i pisati naučila,
hrvatsku riječ u dušu zašila.
Slavonsku zemlju domovinom zvala.

Slavonsku glazbu u krv upila,
slavonsko kolo u sebe utkala.

Ona koja je u Slavoniji ostala
i ona koja je u suzama Slavoniju ostavila,
ali ju nikada nije zaboravila.

Koja i nakon pola stoljeća,
14,092 kilometara daleko
Slavoniju u srcu nosi
i njome se ponosi.

Koja će kad krene na vječni put,
gore ili dolje,
preletjet Slavoniju mati
znajući, ona čeka svoje dijete.
Da se oprosti,
da joj se vrati.

To je Slavonka ili Slavonac.

SNJEŽNA ŽUPANJA

Budi darežljiva, ja te molim.
Daj mi snježni Božić i godinu Novu.
Napravi sretnu posjetu ovu.

Ovo je bila molba moja.
Tebi Županjo,
pred posjetu 2010. -2011.
Prvi put u zimu, u 39 godina,
tog velikog broja.

Stigli smo na Badnjak.
Sretni sve vidjeti,
obitelj, prijatelje
i dragi nam grad,
obučen u bijelo, kao nekada.

Badnjak i Božić došli i prošli.
Divno i dostojanstveno.
Bez snijega, malo žalosno.
Bio je to početak,
ali ne i završetak.

Na drugi dan Božića
iznenađenje, radost.
Savršene snježne pahuljice
padale, elegantno plesale
stvarajući čipku finu
da pokriju sve dolje u svoju bjelinu.

Pahuljice i mi ljudi imamo sličnosti.
Pitate: "Koje?"
Svaka pahuljica, kao i svaki čovjek, je jedinstvena.
Od pamtivijeka, nikad
nije bilo istih dvoje.

Hotel 'Jelen', kroz prozor gledam.
Vani vedra, tiha noć.
Žmirkajuće zvijezde gore.
Briljantno bijeli snijeg dolje.
Ova mirna noć ima svoju moć.

Raznobojne božićne svjetiljke
ulicu, zgrade i drveće krase.
Bajna iluminacija.
Vrlo impresivna vizija.

Bijeli Božić i godina Nova
moj su san.
Sve izgleda čisto, blago, nevino.
Svijet drukčiji, novi.
Dar zemlji dan.

Muzej Čardak opkoljen snijegom,
kao stasit graničar stoji.
Čuva povijest županjskog kraja.
Za zabavu pahuljice broji.

Kolonija-Šećerana kao iz bajke,
drveće okrunjeno snježnim biserima.
Kuće, redovi, ulice, restoran, park.
Stara, draga slika.
Opet lijepa, bijela, mladolika.
Šećerancima ponos i dika.

A Sava i nasip
u čvrstom, snježnom zagrljaju.
Ne znam je li od zime
ili se jedno drugom dive?!

Doček nove Godine drukčiji.
Nekad na zabavi,
sada Trg pun veselih ljudi.
Glazba, pjesma i ples.
Stara sjećanja budi.
Nije isto al`je lijepo.
Na kraju vatromet.
Odlično, novu Godinu započet.

Hodati po snijegu,
čuti kako škripi...
Pahuljice padaju plešući.
Hladan zrak na licu,
prizor i doživljaji za sjećanje
za ovu, zadovoljnu, Hrvaticu.

Ova posjeta je bila dirljiva.
Županja gostoljubiva.
Moja iskustva uzbudljiva.

Županjo, „Hvala ti!"
Dala si mi bijeli Božić i godinu Novu.
Napravila si sretnu posjetu ovu.
Bila si brižna, odvažna.
Bila si privlačna, snježna.

TAKO JE BILO I JOŠ JE

Još kao mala jedno sam željela,
medicinska sestra biti,
bolesne ljude njegovati.

Osnovnu školu završila.
Sve petice imala,
Ali vinkovačka škola za medicinske sestre,
nije me primila.

Zbunjenost, šok, nevjerica - imam sve petice!
Zašto? Kako?
Kad si siromašno dijete znaš.
To ti je tako.

U gimnaziju se upisala.
Na kampiranje s izviđačima otišla.
S njima bol ublažila.

Totalno bez moga znanja
jedan dobar, moćan čovjek, Rade Pavlović
za nepravdu saznao i nije se s njom slagao.
U školu za medicinske sestre u Vinkovce
lako me upisao.
Stipendiju mi odobrio.
Na kraju istu mi oprostio.

Našla sam ga 43 godine kasnije
da mu se zahvalim, da ga pitam:
"Zašto ste pomogli siromašnom,
hrvatskom djetetu?"
Odgovorio je: "Bilo je pravo.
Mogao sam. Jer sam htio.
I ja sam u takvoj situaciji bio."

-1-

Kažu:"Zdrav i sretan bio,
sto godina poživio."

Hej Vinkovci, evo mene,
protiv tvoje volje.
Na kraju svega,
niste imali puno učenica
od mene bolje.

Prva godina škole
četiri razreda imala.
Do Božića jedan nestao.
Do kraja školske godine,
još jedan razred usahnuo.

Bio je to dokaz
koga je to škola primila,
zbog čega za mene
mjesto nije imala.

Ljudi koji su školu vodili
nisu bili sorte moje.
Nismo voljeli iste boje.
Čovjek živi i uči.
Nauči i važne odluke zaključi.

Sretna sam bila. Teško radila.
Finalni ispit krasno dala.
Dobra sestra postala.

Županjski Dom zdravlja???
Plaćeni posao, samo za mene, nisu imali,
ali da radim za radni staž
uspješno su me nagovorili.

Nakon jedanaest mjeseci
oči mi se konačno otvorile.
Dobila sam krila,
jako daleko odletjela.

Australija me je htjela.
Vratila mi samouvjerenost,
ponos, mir, vjeru u moral i poštenje.
Dala nam dobar, siguran život.
Mojoj djeci uspjeh i obrazovanje.
Sve bez zaštite.
To je zaradilo naše znanje.

U zagrebačkom hotelu Dubrovnik 2010.
kavu pijem.
Blizu našeg stola dva para.
Stariji gospodin kaže mladom:
"Odlično. Dobio si posao. Preko koga si išao?"

Jeza, mrak mi pao na oči.
Još uvijek je isto.
Opet netko bolji za taj posao,
ali minus veze bez posla ostao.

Tuga me oblila.
Žalosna suza iz oka kanula
za izgubljeno pola stoljeća,
za mnoge neostvarene snove,
za nepravedno uvenule cvjetove.

Sve se krivilo tada
na onaj 'K' sustav, s pravom.
Objasnite mi što je sada.
Vinkovci me nisu željeli.
Županja me nije htjela.
Australija mi vrata otvorila.
Ja sam joj kroz rad,
poštovanje i odanost
sve to 100 posto vratila.

Zašto mnogi misle
da mi iseljenici patimo u tuđini?
Ovo nije
tuđi zrak koji dišem.
Tuđe sunce što me grije,
tuđa voda što me poji,
tuđa zemlja koja me hrani.
Sve je moje, moja domovina nova,
odgovorna za ostvarenje mojih snova.

Nikada i ništa
neće izbrisati ljubav
za moj stari kraj,
za moj mladenački zavičaj.
Kako to može biti?
Tko to može objasniti?

Kao sluga Jernej ja nastavljam
potragu za pravicom.
Naravno, u mojoj glavi i duši
kroz gustu maglu koja ju guši.

Doći će tamo. Mora. Očito, ne sutra.
Stići će u naručju
izlazećeg sunca, jednoga jutra.

Tako je bilo i još je.

LILY U ŽUPANJI

Želju sam imala.
Želja mi se ispunila.
Lily u Županji,
kolijevki mog djetinjstva
i mladosti moje rane,
povijesti davno istkane.

Lily, naša prva unuka.
Mala Australka.
Tu je da osjeti, vidi
gdje i kako je
bakina i didina grana listala
i njena grana postala.

Zgradu općine vidjela.
Poznate šenbrunske boje.
I staru crkvu
gdje su se baka i dida vjenčali.
Istoga dana, dva puta,
po zakonu tadašnjeg instituta.

Po istom nasipu šetala.
Istu vijugavu Savu gledala.
U daljini siluetu dizalice vidjela.

Iste Poloje posjetila.
U blato ugazila.
Lijepu školjku opazila.

Obišli smo Koloniju–Šećeranu.
Stare redove, zatvorene dućane,
duhove kina, knjižnice.
Suhu, zapuštenu fontanu
bez žaba.
Uništila sve neka baraba.

Gledajući ju kako stoji
u ruševinama moje škole
oblila me sjeta.
Došla mi slika
sretne, devetogodišnje mene.
Sjećanja ne mogu da odole.

Nije joj jasno bilo
zašto šalufne vise?
Prozori otvoreni u kiši.
Zidovi vlažni u raspadanju.
Kad sam joj pričala
kako je naš stan, Kolonija 18
bio poseban, krasan.

Sjedili smo vani.
Nekada ljetna bašča
restorana "Kristal".
Pili tko-što, naravno, kavu.
Lily Cocktu, omiljenu, pjenušavu.

Sve drukčije, a opet isto.
Trava jednako zelena.
Jablanovi jednako stasiti.
Zrak jednako blag, samo nema živice.
Čak mi se učinilo
da čujem zvuk
Vis " Kristala", poznat, drag.

Ušli smo i u glavnu salu.
Gore na balkon,
dolje niz stepenice,
na plesnu ploču.
Pa uz zvuk valcera
(samo u mojem uhu),
otplesali malo, korak, dva
kao ja nekada.

Pokazala sam joj još uvijek
divnu željezničku stanicu.
Objasnila njenu važnu prošlost,
tu vrijednu prometnu caricu.

Živjela je na piti
i ponekoj krofni.
Zahvaljujući Milenku,
svako jutro svježe donio
za Lily da bira.
Bio je pravi anđeo.

A Ivica i Mara, hvala im.
Bili su SOS tim
u našim situacijama akutnim.
Voljela je i poneki ćevap.
U Lambadi, a lepinju još i više.
Sladoled je bio prvi.
Voljela ga je najviše.

U slastičarni su već znali
njenu omiljenu vrstu,
pa su joj to odmah i dali.

Ovo je za Lily bio drugi svijet.
Ne stran.
Drugačiji, da,
ali ipak njen, lijep.

Naša mala Australka
za kratko vrijeme
bila je
mala, sretna Županjka.

EGZODUS ŽUPANJACA

Kraj šezdesetih, rane sedamdesete,
bile su dirljive slike Županjaca
opraštajući se od starog kraja.
Puni nade, ali i prigušenih jecaja.

Koliko je Županjaca otišlo?
Ne znam broj. Puno.
Koji razlog?
Siromaštvo, nepravda, politika,
osjećaj nemoći
napravilo svakog od nas
australskog doseljenika.

Kažu da su iseljenici bili
uglavnom neobrazovani.
Sa sela. Možda.
Zato što nas je uporno
siromaštva, nepravde i politike
čelična cipela gazila.

U nama nedostajalo nije
inteligencije, hrabrosti i volje
koja je procvjetala
pod australskim suncem
koje pravedno grije.

Iseljavanje je bilo lančano.
Jedna iseljena obitelj
povukla je za sobom drugu.
Grupa rasla brojčano.
Ogromne promjene napravili
za nas i našu djecu.
Za ljepšu budućnost
ništa nije teško žrtvovati.

Oh, bilo je tu nostalgije i tuge.
Suze su lile.
Kako lile, tako i presušile.

Mnogi Županjci su tu,
u Melbourneu, velegradu.
Veseli smo kad se vidimo.
Nešto zajedničko imamo.
Nešto što još uvijek volimo.

Mi i naša djeca
stekli smo uspijeh, obrazovanje.
Sve bez protekcije, pošteno.
To je zaradio naš rad, naše znanje.

Je li Županji bolje bez nas?
Ne znam! Ona ne mari.
Jedno znam,
mi smo našli spas.

Izvaditi Županjku iz Županje možeš,
ali
izvaditi Županju iz Županjke
NE MOŽEŠ!

ŽUPANJCI U MELBOURNEU

Tu smo. Ima nas puno.
Došli smo davno,
prije stoljeća pola,
s puno nade, volje
i skrivenog bola.

Ostavili smo rodnu grudu,
svoje mjesto milo,
u potrazi za krajem
koje bi nas cijenilo.

Putovali smo kako-tko.
Netko zrakom,
brzo, zagrljeni oblakom.
Netko duže, vodom,
ogromnim prekooceanskim brodom.

Teško smo radili, zaradili,
uštedjeli, pametno uložili.
Financijsku sigurnost, blagostanje stekli.
Željeno poštovanje dobili.

A naša djeca? Bilo im na volju.
Mnogi obrazovanje stekli,
Sveučilišta završili.
Neki dva i tri.
Neki zanate.
Tko školu htio nije
stvorio je drugačije.

Vidimo se pri prigodama raznim.
Zabavama, kao prije i vi.
Dočeku nove Godine,
koncertima hrvatskih pjevača,
starih, iz našeg doba,
prilikama prijaznim.

Žalimo li što smo došli?
Ne!
Ovdje smo novi dom našli.
Melbourne nas je primio,
svojim zagrljajem zaštitio.
Dao nam je mogućnost
da sami stvorimo svoju budućnost.

Zadovoljni smo,
sretni.
Al` plamićak ljubavi
za naš stari kraj
tinja u srcu.
Ne gubi svoj vječni sjaj.

SLAVUJ SLAVONIJE

Odletio je u naručju
izlazećeg sunca,
iz staroga kraja
do novog, vječnog, blistavog raja.

Je li usput
preletio svoje staro gnijezdo?
Svoj rodni Osijek?
Da. Sigurno.
Osijek ga čekao
sa zvukom "Otiš'o je s mirisama jutra",
ispratio.

Drugi slavuji
će se vratiti poslije zime.
No, ne i ovaj.
Znamo mu ime.
Krunoslav 'Kićo' Slabinac,
naš ponosni Slavonac.

Kad sljedeće proljeće
slavuji zapjevaju
nešto će nedostajati.
Jedan glas poseban.
Kićin glas čaroban.

Ne može se kupiti,
ukrasti, steći,
niti naučiti.
S njime se rodiš.
S njime živiš.
S njime umreš.

Kićina pjesma je lijek
za slomljeno srce,
tugu i tamu.
Najbolji, uvijek.

Njegova narodna, slavonska,
moje srce dira.
Tjera me da plešem.
Umornom srcu ne da mira.

Bile one narodne ili zabavne,
jednako su voljene,
Kićine pjesme zanosne.

Njegove posjete Australiji,
svaki put
za našu nostalgiju,
bile su bolje od najboljeg psihoterapeuta.

Oproštajni koncert, ovdje,
u listopadu 2019.
Bio je dirljiv.
Na njegovu karijeru
za nas divan osvrt.

Ovo su moje
tri male riječi:
"Kićo, hvala ti!"
Mi izgubili.
Anđeli dobili.

ČUVAJTE HRVATSKU RIJEČ

U svim mojim posjetama
od domovinskog rata,
u govoru hrvatskog mog
ispravljali su me.
Nisu bili svjesni svog.
Dosta. Slušajte sebe.
Vaš hrvatski često zagrebe.

Gledam hrvatski Dnevnik svaki dan.
Žalost me oblije.
Novinari, političari, javne komunikacije,
obrazovani ljudi kao i obični čovjek
dozvolili da se engleski uvuče u njihov govor.
Taj privlačan, jezični agresor.

Kad sam pitala zašto,
odgovorili mi: "Tehnologija, internet."
To je samo izgovor.
Od toga će hrvatski jezik oboljet.

Znam da je govorni jezik živ,
da se razvija, to je normalno.
Ali, razvijajte riječ hrvatsku,
a ne stranu, englesku.

Kritizirali smo mađarizaciju
i, naravno, srbizaciju, hibridizaciju.
S pravom, bili su nametnuti.
Što je sa engleštinom
koju dragovoljno, objeručke
grlite, koristite?
Ja to zovem jednostavno - barbarizacijom.

Moderno: IN, COOL, SHOPPING itd.
Ne čine čovjeka većim, boljim,
pametnijim, inteligentnijim.
Čine čovjeka siromašnijim.

Živim u Australiji
već pedeset godina.
Govorim dva jezika svaki dan,
po potrebi biram.
Još nisu postali
hrvatsko - engleski ili englesko - hrvatski.
Još su ili jedno ili drugo ostali.

Kažite mi kako su se mnogi jezici
do sada sačuvali?
Kako od pamtivijeka
do sada nisu se izgubili?
Jedan, globalni jezik nisu postali.

Hrvatski jezik je nezamjenjiv.
Čuvajte ga, on je jezični div.
Gradite jezične splave.
Hrvatski jezik će se ugušiti
od te engleske poplave.

Hrvati, učite svoje dijete
da hrvatsku riječ brani.
Da bude jako,
da odoli modernoj obmani.

Samo Hrvat može
hrvatsko dijete učit.
S ljubavlju i duhom
hrvatski jezik naučit.

Izgubiš njega,
izgubio si sebe.

Nije riječ ljepša na drugoj strani.
Najljepša je ona
na hrvatskoj grani.

MOJA MAMA

Sada, u zimi života mog
sjećanje navire o mojoj mami
i našem životu,
teškog ali dragog vremena tog.

Rodno mjesto Kopanice.
Bosna ponosna.
Jednog davnog proljeća
početkom dvadesetog stoljeća.

Formalno obrazovanje - nula.
Status – nepismena.
Životno znanje – bogato,
daleko ispred svog vremena.

Poslije rata život je težak bio.
Za bošnjačke Šokce
cijeli dan na njivi radila
da bi kilogram brašna dobila.

1955. sreća se desila.
U županjskoj tvornici šećera
posao dobila.
U tvornice kupatila čistačica postala.
S ponosom svoj posao obavljala.

Šestero djece rodila.
Dva sina izgubila.
Četiri kćeri preživjele
na našeg oca razočaranje.

Podigla je nas četiri.
Teško radila.
Nekako je uspjela.
Maksimalno dinar rastegnula.

Naučila nas je da su
dobrota, poštenje, odanost,
poštivanje i težak rad
vrijednosti čovjeka.
Sada i od pamtivijeka.

I kada me je grdila
ružnu riječ kazala nije.
Nije me nikad udarila.
Takva je ona bila.

Iako smo već velike bile,
u hladnim, zimskim danima,
robe 'Krke' nas nosila
iz kupatila u kuhinju.
Jedinu toplu prostoriju.

Kako je samo uspjela
od vrlo malo
napraviti jela bajna?
Sada znam.
Kao dijete mi je to
izgledalo kao čarobna tajna.

Život se promijenio.
U Australiju smo otišli.
Mami smo ljubav 200 posto vratili.

Našu djecu voljela, mazila.
Palačinke im za doručak pravila.
Sedmica s njima kartala
i uvijek pet sedmica imala.
Najbolja baka bila.

Nedostaje mi njezin osmijeh.
Pogled smeđeg oka.
Topli zagrljaj i brzi korak.
Dodir poznat, lak.

Da mi je sada samo
njezina divna pogača.
Gužvara, prova, žganjci,
pita sa ništa ili malo sira.
Pomislila bih da je s neba palo.

Ona je tamo, znam.
Na samom odlasku
pogledala nas, uzdahnula.
Nazvala nas golubicama.

To je bila moja mama.

NEVAŽNOST SIROMAŠNOG DJETETA

To je stvarnost bila.
Jeste i biti će
od pamtivijeka
pa dovijeka.

Poznato je svima.
Razloga puno ima.
Jedno je o tome znati.
Drugo je to biti,
taj život živjeti,
taj čudan teret nositi.

U djetinjstvu
ne razumiješ kako,
ali osjećaš, svi te znaju,
nekako vrlo lako prepoznaju.

Površne stvari su vidljive.
Školska torba stara.
Polovne knjige, ne nove.
Olovke nožem,
a ne šiljilom zašiljene.

Odjeća čista ali isprana,
od starije sestre naslijeđena.
Školske šlape, ne kupljene,
već od stare filterice napravljene.

Neka djeca s druge strane crte
dalje od tebe trče.
S drugom djecom se vrte.

Stvari nevidljive
su daleko važnije.
Koliko je to dijete knjiga pročitalo?
Kako brzo pjesmicu napamet naučilo?
Kako lako povijest, zemljopis svladalo?
Kako brzo matematički problem riješilo?

Kako se to dijete osjeća?
Kolika je bol njegova?
Kolika je njegova nada
da su ta vremena prolazna?

Tragedija je još veća
kad i učitelj,
svjestan svega,
ne daje zasluženu ocjenu
tom djetetu siromašnom,
nevažnom.

Kakva je budućnost
tog djeteta neprimjećenog?
Ne blistava.
Osim ako se čudo desi
pa bude spašeno.

Niti jedno dijete nije nevažno.
Sunce, voda , hrana i ljubav
potrebni su svakom biću,
a najviše malom ptiću.

Treba li dijete plaćat
za grijeh roditelja svog?
Ne. Pogledajte bolje.
Ja sam ja.
Nosioc bića svog.

Malo podrške i vjere.
Jedna otvorena vrata
jest sve što treba
da nevažno
postane važno.

MOJA ZIMA

Ne dobrovoljno, već primorano
ušla sam u ovaj dio
života mog.
Pomalo šepav
ali još uvijek dobar, mio.

Vlak zvan život
protutnjao je nestajući
kroz nevino proljeće.
Žarko, uzbudljivo ljeto.
Jesen blagu, finu
i ušao u nepoznatu zimu.

Nisam kupila kartu
za odredište ovo.
Kad navršiš 70 godina
dobiješ ju na dar.
Da su me pitali bar.

Jesen je lijepa bila.
Darežljiva i topla.
Nije se žurila hladnoj zimi.
Vrijeme je prošlo,
novo životno doba došlo.

Zima je stigla, ali je blaga.
Još bez snijega i ledenica.
Neću se zavaravati.
Ogromna je njena snaga.

Velika hladnoća će doći.
Usporit će moj hod.
Naborati kožu moju i
možda uselit zaborav u moj um.
Strašna mogućnost.
Zaustavit to nije u mojoj moći.

Na zglobove i kosti
ja se ne žalim.
Za sada su bitku izgubili.
Kirurškog noža se uplašili.

Navale vrućine nestale.
Samo u sjećanju ostale.
Želim im sretan put.
Ne vraćajte se, nećete me naći.
Promijenila sam adresu.
To je moj adut.

I glavobolje su otišle.
Ti česti, mučni dani
s vremenom stali.
Potpuno savladani.

Tijelo se još više mijenja.
Mimo moje volje.
Dodatan kilogram ili dva.
Svakodnevna borba naporna.
Uselile se kile koronavirusa.
Jako su mi dosadile.

Umjetne leće u očima sada.
Vid napala mrena.
Pokušala da vlada.
Ružna, surova, neželjena.

Jedno mi je čudno.
Moj um čist, vrijedan.
Stvara u trećoj brzini.
Zna da je vrijeme
vjerovatno kratko
u ovoj životnoj zimi.

Sve zapisat, opisat i
uredit sada želi
da se sjećanje ne izgubi.
Života mog,
života bogatog.

Kroz prozor zime ovog života
sunca još puno ima.
Ne zubatog već toplog.
Dobra je moja zima.

TUC, TUC

Ovo vrijeme svake godine
probudi sjećanje
na davna vremena
kad je novca bilo malo,
ali skromno, dobiveno
puno sreće dalo.

Kao onda moja mama
ljusku crvenog luka,
sada u Australiji
skupljam i ja sama.

Bojam jaja za Uskrs,
za naš značajan dan.
Čuvam tradiciju.
Dobijem boju čudnu,
baš kao san.

Kako se zove boja ova?
Nije smeđa. Ne znam.
Ona je posebna,
ja ju zovem LUKENA.

Kupovna boja nije isto.
Ovo je divno,
prirodno, čisto.

Jaja su kupovana
na komad nekada.
Ne kao tuce ili više
u kartonu sada.

Jaja su cijenjena bila.
Jesti kuhana djeci milina.

Prije stoljeća pola,
tucanje (TUC ,TUC) jaja
je pravilo imalo.
Donijelo radosti, ali i očaj.

Ako ti puknu obje strane
izgubio si bitku.
Izgubio si jaje.

Pobjednik ide kući sretan
s jaja više
i dokaza da je spretan.

Ovdje u Australiji
tradicija se gubi.
Čovjek misli novo je bolje,
prihvati i u novo se zaljubi.

Ovdje djeci zeko donese
čokoladna jaja.
Slatka, ne prava.
Ne jako zdrava.

Pravog jaja
vrijednost nekad bila,
danas se izgubila.

S čokoladnim jajetom
nema Tuc, Tuc.
Slomilo bi se.
Nema gubitnika.
Nema pobjednika.

Riječ pisanica kao i mnoge druge
za mene su nove, strane.
Moram na Google ići.
Definicije, razumijevanje naći.

Kao što je Dudek ovdje kazao
"Jezik koji mnogi govore,
ali i mnogi ne razumiju."

Bojanje uskrsnih jaja
s ljuskom luka.
Tucanje, Tuc, Tuc
je običaj stari.
Živio!
Vječan bio.

Zato ja uporno jaja bojam.
Na našim uskršnjim piknicima
imamo Tuc, Tuc.
Imamo gubitnika.
Imamo pobjednika.

SAMA

Sama u život došla.
Sama iz života otišla.

Čitav život
oko tebe vrve ljudi.
Neki znani,
mnogi strani.

Daje ti percepciju
da sama nisi.
Fizički nisi,
ali zapravo jesi.

Kad zatvoriš oči
na putu u san
ti si ti,
broj samo jedan.

Možda stojiš u magli.
Zbunjena, u bolu.
Kuda poći?
Desno ili lijevo?
Gdje bi manje boljelo?

Tamnija strana
je privlačna.
Izgleda mirno.
Al' pogledaj tamo,
na drugu stranu.
To je zraka sunca,
svjetlo i toplina.
Šapuću:
"Molim te, pođi ovamo."

ČAR ŽIVOTA

Nevidljiva, neopipljiva,
moćna, neodoljiva,
neophodna za sreću.
Koja je to sila?

Uzburkane, napete
misli ublaži.
Vihor otjera.
Povjetarac donese.
Umorno tijelo osnaži.

Ugrije te ako je zima.
Rasplače ako si tužna.
Ogromnu snagu ona ima.

Uđe u dušu i tijelo.
Digne te na krila sokola,
ponese u bajku
valcera, tanga ili kola.

Ne zna za vrijeme.
Izaziva ljubav,
olakšava bol,
vraća sjećanja,
neispunjena obećanja.

Razna kao i mi.
Svakome draga.
Svakome mila.
Glazba, glazba bi to bila.

Život bez glazbe
bio bi kao
crna kava bez šećera,
cvijet bez mirisa,
hrana bez soli,
svijet bez boja,
knjiga bez slova.

Glazba je kompozicija,
svijetla, čistog zraka,
hrane, vode i ljubavi.
Životni dar.
Životna čar.

LEDENA AGONIJA

Zima mi je.
Jako mi je zima.
Dali igdje, malo,
zericu topline ima?

Deka, poplun, deka.
Brdo na meni.
Koristi nema.
Ovo je kriza neka.

Tresem se,
zubi cvokoću.
Ja se ledim.
Mislim, mislim.
Šta da radim?

Vrući tuš
kratki predah dade.
Pet minuta mira.
Znao je,
dolazi mračna ofenziva.

Glavobolja, nesvjestica,
bol u tijelu, muka.
Cunami se diže.
Traži izlaz
za svoj jaki mlaz.

Ne bira mjesto ili vrijeme.
Kao vulkan provali.
Baca bljutavu lavu
stvarajući smrdljivu poplavu.

U meni bol, muka,
tvrdoglava ledenica.
Lomi ju stalno
uporna drhtavica.

Dosta! Stani!
Ne mogu više.
Molim,
oslobodi me ove mizerije.
Molim,
uzmi me iz ove ledene agonije.

ŠEĆERANSKI BOŽIĆ, MOJ, NEKADA

Bilo jednom jedno naselje.
Davno, davno prije.
Kolonija-Šećerana
gdje i kad riječ Božić
glasno se govorilo nije.

Bilo nas je mnogo.
Sa svih strana.
S istoka, zapada, sjevera i juga.
Svih boja,
kao najljepša duga.

Javno se o Božiću govorilo nije.
Znali smo da je bolje
da se ta bajna tajna krije.

Ako si vjeru imala,
Božić slavila,
u crkvu išla,
zatucana si bila.

Ako ti je obitelj bila
bosanskih Hrvata,
bila si nitko i ništa
s mnogih gledišta.
Bila si sporedna,
za mnoge, pažnje nevrijedna.

Mama je u crkvu išla
kad, kako.
Mi djeca rijetko.
Skoro nikako.

Vjera je bila
vrlo osobna stvar.
U našoj obitelji
njegovana i čuvana,
od naše mame dar.
Badnjak dođe.
Veseli, glasni
bor smo kitili
s bombonima
i krep-papirnatim trakama.
To je sve što smo imali.

Na badnju noć
mama je unijela slamu.
U ćošak kuhinje stavila,
bombone, orahe
i poneke novčiće ubacila.

Ujutro Božić.
Trk u slamu.
Igra, cika, traženje.
Svakom poneko iznenađenje.

Pa onda doručak.
Topli kruh, slanina,
jaja i kobasica divna.
Naravno, i lučevina.

Na stolu, u sredini
božićno žito i svijeća.
Zeleno, zdravo, mlado.
Ljepše od bilo kojeg cvijeća.

Ponekad je Sveta Kata
bila posebno darežljiva.
Puno prije Božića
donijela nam prekrasan snijeg,
odmah, ispred vrata.

Pravljenje snježnog anđela,
grudanje, trčanje,
gledanje kako snijeg pada.
Divljenje pahuljicama.
A, sve besplatno bilo.
Djecu sretnim napravilo.

Nije svatko saonice imao.
Tko nije, gledajući je uživao.
O ručku da se i ne priča.
Fina hrana, poslastice.
Razne vrste krasotice.

Kupovne poklone nismo dobili.
Znali smo da je nemoguće.
Nismo ih ni očekivali.

Bilo bi to kao željeti
na mjesec ići.
Nositi svilu i kadifu,
piti ptičjeg mlijeka.
Čekao bi dugo, dovijeka.

Djed Mraz je postojao,
al' je uvijek kasnio.
Za Božić nije nikada stigao.

Imam divne uspomene,
baš ove, iz djetinjstva.
Kreacije moje mame.
Vrijednosti neprocjenjive.

Kad bi samo moji unuci znali
kakav Božić sam ja imala.
Sve skromno.
Sve značajno.
Sve nezaboravno.

Sretan Božić, želim svima.
Velikim i malim.
Nek' vam moja želja
donese zdravlje, svjetlinu,
mir i toplinu.

Sretan Božić.

SJEĆANJE

Sjećanje, sjećanje moje.
Nosi me tamo
na krilima nota
s povjetarcem iznad mora.
Preko brda i rijeka,
gdje je začetak moga života.

Tamo gdje su ostali
prvi koraci tanga i valcera.
Tamo gdje su
žitna polja i šume hrasta.
Njive suncokreta i kukuruza.
Tamo gdje su i blatne,
šećerne repe,
drage i lijepe.

Da osjetim miris
šumske jagode
i slatkog zraka,
šećeranske kampanje.
Da osjetim dah
mog djetinjstva,
rane mladosti
i nekadašnje nevine radosti.

Da kažem starom kraju
da su bol i rane zarasli.
Moja sreća sada
mu sve oprosti.

Al' sutra ćemo bliže,
ovdje, gdje jesam
već pola stoljeća.
Gdje su mnoga
moja postignuća.

Kad sam majka postala,
na ovaj svijet djecu donijela
i unučad dobila.

Mnoge godine posla.
Osjećaj sreće
kad sam uspijela pomoći,
bol ublažiti,
problem riješiti.

Ima toga puno.
Čitav život.
Brak, obitelj,
prijatelji, putovanja,
sreća, žalost i bol.
Sve moje
da se sjećam,
analiziram, čuvam.

Dođeš onako, bez plana.
Nekad ne znam kako ili zašto.
Nekad baš isto, svakog dana.

Hoćeš li naći put?
Daleko sam.
Godine su prohujale.
Život odmakao.
Sat neće da se vrati.
Ne može dodatne dane dati.

Sjećanje je hrana
za tijelo i dušu.
Bez njega smo
prazna školjka, isprana.

Molim te, živote,
nemoj mi ukrasti sjećanja.
Bez sjećanja
nije vrijedno živjeti.
Bez sjećanja,
želim umrijeti.

ŽUPANJSKA VRUĆA, SPARNA LJETA, MOJA, NEKADA

Sjedim na verandi.
Pijem čaj.
More gledam.
Što je ono tamo?
O' to su graciozni, crni labudi.

Danas je voda
sivkasto-plave boje.
Kao nebo.
Posve je mirna, bonaca.
Glatka kao staklo.
Stalno se svjetluca.

Ni povjetarca nema.
Sve, baš sve odmara.
Drijema.

Već je jako vruće.
I ptičice se sakrile.
Niti jedna ne cvrkuće.

Jako, jako je sparno.
Vraća me unazad,
u vrijeme davno.
U županjska vruća,
sparna ljeta.
U sjećanju županjskog djeteta.

Kako smo se hladili?
Sljedeće smo radili.

-1-

Rano ujutro, za hlada,
muhe bi istjerali.
A, bilo ih je.
Prozori nisu imali mreže.
Zatvorili ih, a i šalufne.
Blažene, drvene.
Klima uređaje nismo imali
i definitivno ne bazene.

Ljudi naše klase čak ni
frižidere nisu imali.
Led smo samo
zimi vidjeli.
Sokovi, a pogotovo hladni,
nepoznanica su bili.

Voda je bila spas.
Ne kupovna,
već ona iz pipe.
Naravno, najzdravija
za sve nas.

Domaći sladoled,
limunadu ili narančadu
mogao si kupiti
samo kod Albanca,
ako si novac imao.
Tako je to bilo.

Samo je jedna slastičarna
tada postojala
u centru Županje.
Za nas Šećerance jako daleko.
Na kraju svijeta
u očima šećeranskog djeteta.

Nije mi bilo jasno
kako je pravio
limunadu i narančadu?
Limuna i naranči
u Županji nije bilo.
Kako je onda uspio?

Ljudi koji su bunare imali
u njima su lubenice
i drugo hladili.
Mi Šećeranci nismo.
Zidovi naše zgrade
su jako solidni bili.
Stan, a pogotovo špajz
hladnim su držali.

Kada sam bila starija,
ako me je mama pustila,
na Savu sam išla.
Svježinu i zadovoljstvo našla.

Drveće nam dalo
duboki hlad.
Posve dovoljno
kada si zdrav i mlad.

Ona vrućina i sparina
nisu nam smetali.
Bilo nam je lako.
U mladosti to je tako.
Ti dani su bili voljeni.
Još nezaboravljeni.

Život se promijenio.
Klima uređaji
u kućama i automobilima.
Sokova i vode svake vrste,
toplih i hladnih.

Sladoleda ima sada kod kuće
u dubokom zamrzivaču.
Postalo je obično.
Ne kao nekad, posebno.
Sve je uzeto
zdravo za gotovo.

Ovo zadnje vrijeme
moga života
jest interesantna luka.
Puna blagostanja, zadovoljstva
i duševnog bogatstva.

Evo me opet ovdje,
na verandi.
More je još uvijek
sivkasto-plave boje.
Australsku obalu miluje.

I BOSANCI SU LJUDI

Ispričala mi neki dan
jedna poznanica
ovu strašnu stvar.
Istinito, za mene bolno.

Ona je bila
u posjeti
jednom slavonskom selu,
blizu Županje,
prije stoljeća pola.

Društvo je bilo
u centru sela.
Jeli su kolač ili sladoled,
što kome milo.

Tamo sa strane
bila je grupa ljudi.
Nešto su čekali.
Pitala je prijateljicu:
"Tko su oni ljudi?"
Odgovor je bio:
"To nisu ljudi.
To su Bosanci."

Da nisam sjedila
u nesvijest bih pala.

Vratilo me u vrijeme davno.
Do pedesetih i šezdesetih godina,
vremena siromaštva, uopće,
a posebno Bosanaca
s one, druge, strane Save.
To ih je natjeralo
da se time bave.

Dolazili su u grupama
muškaraca i žena,
s motikama
i drugim poljoprivrednim alatima.

Bili su na izložbi,
kao ljudski sajam.
Čekali su da ih
lokalni seljaci uzmu u najam.

I ja sam ih viđala
u vlaku.
Ljudi su ih krišom gledali,
kao da nisu htjeli
biti svjedoci toj javi.

Vremena se promijenila.
Njemačka im otvorila vrata.
Mogućnost spasa
i dostojanstva im dana.

Posavski Bosanci su ljudi.
Uvijek bili.
Bili su siromašni,
ali vrijedni.
Ponosni, veliki,
moji.

SAVA, ŽUPANJSKA DRUŽICA

Sava teče prema istoku.
Prema svojem ušću.
Vječna putnica,
županjska družica.

Divna kreacija prirode.
Nositeljica silne vode.
Važna za mnoge narode.

Ne staje.
Ne mari ima li
malo ili previše vode.
Za ništa ne haje.

Kod Županje vijuga,
kao da pleše valcer.
Pohvali se pa opet
nastavi svoj smjer.

Voda je život.
Sava je voda.
Sava daje,
ali i uzima
ne slušajući ljudske jecaje.

Kad je blaga,
mirna i sretna,
Županji je draga.
Pecanje, kupanje…
Divna plaža Poloji.
Šetnica, divna, ugodna.
Za sve ljude pogodna.

Ponekad pokaže
svoju mračnu ćud.
Naraste, želi da se izlije.
Tada su Sava
i Županjski nasip
u grčevitom zagrljaju.
Žučno se bore
da jedno drugo pokore.

Zna da je važna
za gospodarstvo,
društveni život
i ekologiju
pa je ponosna, odvažna.

Sava ima moć.
Bila mirna ili ljuta, ona kaže:
"Gledajte me!
Poštivajte me!
Ja sam za tebe nadmoćna!"

Ljubav ili borba
između Save i Županje
vječno traje.
Jedna uzima,
druga uzima i daje.

ZATVORI OČI

Zatvorila sam oči.
Stojim u baščici.
Vidim broj 18.
Osjećam proljetni vjetrić
na svojem licu.

Udahnem.
Osjetim miris našeg
ljubičastog, procvalog jorgovana.
Žbunja starog, ponosnog.

Okrenem glavu na lijevo.
Vjetrić donosi miris
procvale jabuke,
rane Petrovke.

Po njoj smo se penjale
kao vjeverice.
Visoke grane osvajale.

Umirim se.
Čujem cvrkut lastavica.
Malih, crno-bijelih ljepotica.

Vratile su se
u svoje staro gnijezdo.
Vratile su se nama,
svojim kućama.

Tada sam čučnula
da bolje osjetim
miris čarobnog zumbula.

Malo na desno
su bijele glavice,
stidljive visibabe,
pa mirisne ljubičice,
dvije vjerne prijateljice.

Pođem naprijed da
otvorim kapijicu.
Što sam to taknula?
Oh, to je živica.
Svih redova ogradica.

Još korak, dva
i stojim u redu.
Krc, krc.
Znam.
To je šljaka
dobro utabana.
Mojim koljenima
dobro znana.

Stani.
Kuda ćeš?
Vrati se.
Zove me poznati glas.
Okrenem se.

Kroz zatvorene oči
vidim moju mamu
na gornjem prozoru.
Mladu, nasmijanu.

Stisnem oči još jače
da ju duže gledam.
Taj trenutak
zaboravu nedam.

Prizor kao iz bajke.
To drago lice,
lice moje majke.

MLADOST

Mladost je proljeće života.
Sve se budi.
Vrijeme je razvoja.
Fizičkog, psihičkog, emocionalnog.

Lančana karika života.
Najljepša, najbolja, nezaboravna.
Vrijeme je otkrića.
Vrijeme prvih postignuća.

Ambicije se rađaju.
Male ili velike.
Nikada prevelike.

Dani ljubavi,
prve, druge, treće.
Dobivene ili dane.
Manje ili veće.

Otkrivanje svojih vrijednosti.
Prilagodbe, svojeg ponosa,
svojih sposobnosti.

Sunce grije toplije.
Sija svjetlije
da se bolje vidi put
kojim treba krenuti.

To je vrijeme
bezbrojnih koraka,
milijuna pogleda,
milijarde dahova.
Ništa manje želja,
dodira, nada i mirisa.
Ostvarenih i neostvarenih snova,
sreće, razočaranja i suza.

Mladost je dragocjeno vrijeme.
Tvoje, moje, naše.
Isto za sve nas,
siromahe i bogataše.

PREKASNO

Siv je i kišan dan.
Kao i onda,
trideset godina prije.
Nema sunca
da ove misli grije.

Ima puno toga
što želim znati.
Što ti želim reći,
al' vrijeme neće,
ne može da se vrati.

Trebala sam ti
više vremena dati.
Puno više o tebi
otkriti, znati.

Zašto nisam?
Ne znam.
Dobrog objašnjenja nemam.

Zašto uzimamo
jedno drugo zdravo za gotovo?
Zašto ostavljamo ta pitanja,
te riječi, za sutra?

Hoće li sutra doći,
sigurno nije.
Zato reci, pitaj
na vrijeme, prije.

Ti nisi više ovdje.
Pitanja i riječi jesu.
Riječi nerečene,
pitanja nepitana.
Odgovori zauvijek
nijemi, zapečaćeni.

'R'

Što je 'R'?
To je latinično slovo.
Slovo hrvatske abecede.

U čemu je problem
ovog slova?
Za mnoge nikakav.
Za mene je ono bilo iglica
mog ranog djetinjstva.

Mnoge drage, dječje igre,
(ringe ringe raja,
takmičenja u brzini izgovora
r r r r r,
br br br br br,
riba ribi grize rep),
započinju slovom 'R'.
Za mene su one bile velike brige.

Slovo 'R' izgleda krasno.
Za neku djecu problematično.
Mora se izgovoriti
po pravopisu, jasno.

Kad sam bila mala,
ja to nisam mogla.
Ja to nisam znala.

Tako je r r r r r
bilo l l l l l,
br br br br br,
je bl bl bl bl bl.
Ringe ringe raja
bilo je linge linge laja.
Riba ribi grize rep
bilo je liba libi glize lep.

Problem broj jedan
je bilo moje ime Ruža.
Kad sam priupitana:
"Kako se zoveš?"
Odgovor je bio: "Luža."

Moji prijatelji, djeca,
bosonoga kao i ja,
nisu mi se rugali,
Mi smo se igrali.

Za tako nešto
djecu se nije
liječniku vodilo.
Nisi bila bolesna.
Situacija nije bila hitna.

Logoped je bio
nepoznata pojava.
Vjerovalo se,
to će se ispraviti
samo od sebe.
Prije ili poslije.

S vremenom
i upornim radom,
liba libi glize lep
je postala
riba ribi grize rep.

Baš na vrijeme,
prije polaska u školu.
Moja prva učiteljica,
divna osoba,
zvala se Radojka.

JEDNA RIJEČ

Riječ, samo jedna
ugasila je svjetlost.
Tiha, nemilosrdna,
obuzela me klonulost.

Padam
bez otpora.
Ridam.
Na dnu sam ponora.

Tu mi je mjesto.
Tu ću ostati.
Pa eto,
bez traga nestati.

Ima još sunca, kiše i snijega,
knjiga, glazbe i dobrote.
Oni šapuću:
"Al' nema osmijeha tvojega.
Vrati se, molimo te."

BISER

Ima jedan mali biser,
Županja se zove.
Sjedi u divnoj školjci.
Slavoniji majci.

Nekada blistao bogatim sjajem.
Sada baš i ne.
Oblak se nadvio.
Sjaj mu oduzeo.

Tamnih oblaka često ima.
Oni dođu i prođu.
Ništa nije trajno.
Doći će sunce i vrijeme sjajno.

Ljudi odlaze, drugi dolaze.
Svoju sreću nalaze.
Tako je oduvijek bilo,
tako će zauvijek biti.

Sunce će donijeti mudrost,
dugo potrebni oprost.
Donijeti će prosperitet
i potrebni integritet,
gradu dični identitet.

Županjo, blistala si.
Tako može opet biti.
Tebe su istkale
sjajne, sedefaste niti.

POGLED

Pogled oka tvog,
dubok, prodoran,
uporan, neumoran, upitan,
ubrzava otkucaj srca mog.

Bez riječi puno govori
da jedna duša gori
u svojim nadama i željama,
u uzburkanim emocijama.

Pogled sjajan, bistar,
svira note sreće,
zadovoljstva i mira.
Ispravne tipke dira.

Pogled oštar, sijevajući,
grmi, ludi,
zabrinutost budi.

Pa onaj bolan, tužan,
kao vrijeme pred kišu,
težak i malo vlažan.

Onaj, mutan, skršen
ne govori puno.
Sve pada, guši se.
Taj most je srušen.

DA SAM

Da sam ptica
slavuj bih bila.
Pjevajući bih letjela,
u letu plesala,
miris jorgovana udisala.

U zraku bih pravila
osmice valcera,
cvrkučući Straussovu blistavu
'Na lijepom plavom Dunavu.'

Onda bih sjela
na grančicu grma
i otpjevala ariju
Ave Marija
pod čarobnim, proljetnim svodom
noćnog slavonskog neba.
Za svaku dušu koja ju treba.

Zatim u cik zore,
kao umorni lola,
polako, s noge na nogu,
pošla bih nazad u svoje skrivene dvore.

DAME BIRAJU

Najavili su,
dame biraju.
Ona je ustala,
do njegovog stola otišla.

Glasno je kazala:
"Molim za ovaj ples,"
znajući da će u njima
izazvati čuđenje, potres, bijes.

Začuđen, rado, on se ustao.
S osmijehom s njom otplesao,
znajući zašto je to napravila.
Jako je hrabra i prkosna bila.

Ne sjećam se
je li to bio tango,
valcer ili neki drugi,
tog davnog dana,
tog neobičnog okršaja.

Na koncu, ona je duboko udahnula
i pomislila: "To je to.
Još uvijek imam moć, a
oni nemoć."

MOJ SAN

Ima jedan stari znanac
koji me posjećuje od djetinjstva.
Kroz ranu i zrelu mladost,
no malo rijeđe sad,
kroz moju starost.

Kada dođe ja poskočim.
Plavom nebu se vinem
i onda lagano plivam.

Ne letim.
Da, u zraku prsno plivam.
Naprijed, nazad,
lijevo, desno.
Nema granica,
niti putnih znakova.

Ja lagana kao pero.
Uvijek bosa, sretna,
opčarana tišinom
i plavim nebom.

Ovaj san,
uvijek posve isti,
je vjeran poklon
od više sile.
Meni dan.

SNJEŽNE PAHULJICE

Na moj dlan
su nježno pale.
Kako pale,
tako i nestale.

Kao da ih nebo sije.
Neke kao male vile,
druge kao
sićušne balerine.

Padaju u ritmu valcera,
bečkog ili nekog drugog.
Kreatori su zimskog pokrivača,
bijelog, blistavog.

Uvijek šesterokrake,
ali nejednake.
Ponosne na svoje
jedinstvene oblike.

Svaka pahuljica,
kao i svaki čovjek je unikat.
Od pamtivijeka nikada
nisu bili isti dvoje.
Nisu bili duplikat.

Ova prekrasna kreacija,
nauci poznata,
za mene ostaje tajna.
Beskrajna, bajna.

Pahuljice, pahuljice,
zimske djevojčice,
kristalne, nježne ljepotice.

ZNANJE

Samo je riječ,
ali od velikog značaja.
Od ranog djetinjstva pitam:
Kako? Zašto? Kada?

To je, što odgovore dade,
tako, zato, tada.
To je svjetlo
zbog kojega vidim istinu
nečega ili nekoga.
Dobra ili zla,
dana ili mraka.

Ono je spas.
Vuče nas iz bijede,
ropstva, jada, neznanja.

Formalno obrazovanje je važno,
ali nije jedini izvor.
Život je učitelj, najvažniji.
Za svakog najdostupniji.

Znanje je imanje.
Ostvarivo, potrebno.
Beskonačno, nemjerljivo.

Žeđ za znanjem je
jaka, beskrajna.
Znanje je sve.

BEZVRIJEDAN

Došao je kući,
mračan, mrmljajući,
zubima škrgućući.

Ona je pekla za Uskrs.
Smetala mu je.
On ju je udario,
niz stepenice gurnuo.

Otpuzala je gore,
izudarana, u bolu,
uplakana, ponižena.

Mala djevojčica je
stajala i gledala,
od straha ukočena.
Željela je biti nevidljiva,
toj surovoj osobi nedodirljiva.

Ona je bez riječi
zagrlila kćerkicu,
štiteći svoju,
nemoćnu, malu ptičicu.

Taj strašni vihor
nije slabio.
On se samo mijenjao.
Nikada zasitio.

Njihov dom nije bio
sretno gnijezdo
za nju i njene ptiće.
Bila je to klopka,
financijska, tradicionalna, čvrsta.

Nesposobna pobjeći,
ona je branila svoje potomke
od poniženja i bola
ispod svojih nježnih krila.

S vremenom
njena mala ptičica
je odrasla i svjetlo vidjela.
Prema suncu poletjela.

Na ovom maratonskom letu
vodila je svoje sestre
i mamu, umornu,
voljenu, poštivanu.

Njeno vlastito gnijezdo,
veliko i toplo,
bilo je za sve sigurno
od crnog oblaka
i strašnog vihora.

Vrijeme je učinilo svoje.
On je bio bezvrijedan.
On je bio korov.
On je bezimen.

POSUĐIVANJE BICIKLA, PEDESETIH I ŠEZDESETIH

Jedina dva automobila
u mom kraju
su bila za
tvornice šećera direktora
i našeg naselja doktora.

Bicikl je bio
osobna, prijevozna potreba,
ne svakom dostupna.

Davno prije,
bicikl svatko
imao nije.

Bio je rijetkost
u mom malom
slavonskom mjestu,
idiličnom, ravnom.

Tko ga je imao
važan je bio.
Obično vrstu mušku,
sa štangom,
za žene i djecu teškim formatom.

Telefone nismo imali.
Sve poslove smo
obavljali osobno,
licem u lice.
Tako je bilo potrebno.

Otići kod svećenika,
u trgovinu, apoteku
ili drugu neku potrebu,
'cipel cug' je bio
jedini način čovjeku.

U ono doba
bio je običaj

posuđivanje bicikla.
Za mnoge nužno,
ali neugodno i tužno.

Ako nisi bicikl posjedovao,
a hitno si trebao
nekuda otići,
posudit si ga morao.

To nije bilo lako jer
bicikl posuditi
nije htio svatko.

Kad ti mrak
padne na oči, trebaš,
moraš da pitaš.

Većinom ljudi bi posudili,
čovjeku pomogli,
duboku zahvalu dobili.

Moj otac je bicikl imao.
Naravno, muški.
Bio mu je svetinja.
Uvijek sjajan i čist, no
samo njemu na korist.

Mama je s vremenom
kupila sebi ženski.
Bio je vrlo aktivan.
Na posudbu rado dan.

To je bilo vrijeme
kad posudit
nije značilo platit.

PREKINUTA, OPET

Hoće li ovo
odgovoriti
na moje pitanje?
Bio je tvoj prigovor.

Ti si ju prekinula
kao i puno puta prije.
Željela je stati,
bol da se ne vrati.

To se desi
kao ledena kiša
koja dušu zebe,
njoj poslana od tebe.

Svjedokinja je tvojih
strasnih, dugih razgovora,
punih interesa i osmjeha.

Zašto ju pitaš
kad ti je slušati teško,
kad joj ispričat ne dopuštaš?!

Nije ti potrebno
S njom razgovarati.
Ona to osjeća.
Ne razumije, zašto?!
To je oblak crni,
dobro znani.

Ona je slušala.
Slušala i marila.
Nikada prekidala,
Njena draga malena.

MOJA MAGLA

Nevidljiva maglo,
teška si.
Stenjem.
Pritisnula si me naglo.

Gdje sam -
tu sam.
Ne vidim puta.
Duša mi luta.

Krenem naprijed,
ti koračaš u nedogled.
Krenem nazad, no
ne ide, padam.

Krenula lijevo,
krenula desno.
Sve je mutno,
nejasno.

Siva si.
Zbunjujuća si.
Gruba si.
Nepoželjna si.

Izgubljena sam.
Digni se moja maglo
da pronađem sebe
prije no što duša mi ozebe.

OPĆA ANESTEZIJA, PRIJE I POSLIJE

Nekoliko leptira
u mom stomaku
i uzdizanje prsnog koša
su znakovi mog nemira.

Bez obzira
koliko puta
sam ju imala,
nije ugodna.

Je li me strah?
Pravim se da nije,
ali moj osjećaj
govori drugačije.

Ja vam vjerujem.
Ja vas trebam.
Počnite, molim.
Ja se ne bojim.

Mali ubod, liječnica reče.
Braunila je tu.
Možemo početi,
neće boljeti.

Osjećalo se hladno
kad je dala IV lijek.
Ona je to i kazala,
tako je to uvijek.

Moja zadnja misao:
"Oh, kako bi bilo lako
ne vratiti se.
Baš ovako."

Nježno me diglo, u gluhoj tišini.
Lako kao perce
i brzo ponijelo
prema silnoj praznini.

Otvorila sam oči.
Već? Gotovo?
Ima li problema?
Ne, nema.

RIJEČ

Moćna je kreacija više sile.
Svestrana je,
prilagodljiva.

Samo jedna, jedina
može da ima strašnu moć.
Razor ili spas,
svjetlo ili mrak.

Pošalje te u ponor
ili ti pruži ruku opstanka.
Bez nje život je nezamisliv,
bila ona opipljiva, zvučna ili vidljiva.

Bez riječi nema proze, nema poezije.
Riječ je nezamijenjiva.
Vrijednost riječi je neprocjenjiva.

MORE, DANAS

Danas je sivo-zeleno.
Grubo, pjenušavo,
ljuto i gordo.
To more australsko.

Čudno, ali lijepo,
mora drugo lice.
Upozorava sve,
ljude, ali i ptice.

Zgrabi ti pogled.
Nosi ga lijevo,
nosi ga desno,
pa onda naprijed.

A ona crta, horizont,
nije posve jasna.
Malo je cik-cak.
Je li to kraj ili neba početak?

Nema ničega, nikoga.
Nema čamaca,
ribolovaca,
pa čak niti daskaša.

Samo jedan tanker hrabar
nosi naftu u Geelong.
Plovi s poštovanjem, polako.
Nada se prolasku lakom.

More urliče:
"Ja sam priroda.
Upoznaj me, poštuj me,
pa ću i ja tebe, dabome."

O Autorici

Ruža Dabić-Bučak rođena je u Hrvatskoj 1950. godine. Krštena kao Ruža Dabić. U djetinjstvu i ranoj mladosti zvana i znana kao Ružica, bila je jako mala. Živjela je u voljenoj Županji, Koloniji-Šećerani. Završila je školu za medicinske sestre u Vinkovcima 1969. 1971. sa suprugom se odselila u Melbourne u Australiji gdje još uvijek živi. Ima dvoje djece i troje unučadi.

Radni život je okončala kao medicinska sestra - savjetnica na onkološkom odjelu 2016.

Počela je pisati poeziju kasno u životu, dva dana prije 60. rođendana.

Piše na hrvatskom i engleskom jeziku.

www.ingramcontent.com/pod-product-compliance
Lightning Source LLC
Chambersburg PA
CBHW060104230426
43661CB00033B/1414/J